Ingrid Amon

Die Macht der Stimme

Ingrid Amon

Die Macht der Stimme

Persönlichkeit durch Klang, Volumen und Dynamik

4., überarbeitete und aktualisierte Auflage

REDLINE WIRTSCHAFT

Bibliografische Information der Deutschen Nationalbibliothek
Die Deutsche Nationalbibliothek verzeichnet diese Publikation in der Deutschen Nationalbibliografie. Detaillierte bibliografische Daten sind im Internet über http://dnb.d-nb.de abrufbar.

ISBN 978-3-636-01499-3

Unsere Web-Adresse:
www.redline-wirtschaft.de

Lektorat: Christina Mathoi, Wien
Umschlag: init, Büro für Gestaltung, Bielefeld
Umschlagabbildung: plainpicture
Druck: Himmer, Augsburg
Bindearbeiten: Thomas, Augsburg
Printed in Germany

Ich danke ...

... mit diesem Buch meiner Mutter, die mich als kleines Mädchen mit unzähligen Liedern vertraut gemacht hat. Das Singen ist uns beiden bis heute ein wichtiges Anliegen.

Ich danke meinem Vater, der die Gabe hat, die Sprache des Herzens zu sprechen. Menschen mit echtem, engagiertem Interesse anzusprechen, lernte ich von ihm.

Ich danke meiner Tochter Sarah-Isabel, die mir deutlich macht, mit welcher Freude Kinder ihre natürliche Sprechgabe entwickeln, wenn sie dazu Gelegenheit haben.

Ich danke meiner Sprecherzieherin Hedy Klien-Reichel, meiner Professorin Dr. Elfriede Bernhauer. Ihre Förderung brachte mich auf den »Stimm-Weg«.

Ich danke meinen KursteilnehmerInnen und KlientInnen. Ihrer Neugier und ihrem Interesse verdanke ich alles, was ich bis heute über Stimme weiß und erfahren habe.

Ich danke den Journalistinnen und Journalisten für über 200 Beiträge in Hörfunk, Zeitungen, Journalen und Internet. In den vier Jahren seit der Erstausgabe war das Thema »Stimme« statistisch jede Woche einmal in deutschsprachigen Medien vertreten.

Ich danke den über 20.000 Leserinnen und Lesern, die mit zahlreichen Rückmeldungen und konkreten Anregungen die Erweiterung dieses Buches nachgefragt haben.

Ich danke exzellenten Trainerkolleginnen und Kollegen. Sie haben Übungen angeregt, mir teilweise sogar Übungsmaterial zur Verfügung gestellt! Für die beispielhaft solidarische Unterstützung im Sinne des gemeinsamen Themas »Stimmentfaltung für jedermann« bin ich sehr dankbar.

Fachleute aus angrenzenden Disziplinen haben ermöglicht, dass in meinem Buch die menschliche Stimme in ihrer Vielfalt, eingebettet in zahlreiche andere Lebensbereiche dargestellt werden kann. Ich habe jeden einzelnen Dialog als persönliche Bereicherung empfunden:

Dr. Peter Brandstätter(Zahnheilkunde), Marie Therese Escribano (Gesangspädagogik), Arno Fischbacher (VoiceAwareness Training), Dr. Walter Glück (Homöopathie), Eve-Marie Haupt (Stimmtherapie), Christophe Noblet (Universal Music Austria), Hermine Pühringer (Beschallungstechnik), Thomas Riedl (Hörverarbeitung), Dipl. Log. Edith Schmid-Tatzreiter und Mag. Reinhard Schmid (Bonavox-Methode), Mag. Brigitte Schmidle (Hildegard-Heilkunde), Univ.-Prof. Dr. Berit Schneider (Phoniatrie), Dipl. Log. Uwe Schürmann (IVAAP), Evelyn Stein (Callcenter), Dipl. Log. Sanne Stria (Logopädie), Maria Thanhoffer (Körpersprache), Mag. Hannes Tropper (Austrian Voice Institut), Dr. Andrea Zauner-Dungl (Ganzheitsmedizin).

Bei der technischen Produktion der Übungs-CD half mir in bewährter Weise Tonmeister Hannes König mit seinem gestimmten Ohr. Die schreibtechnische Arbeit tat wohl wollend und geduldig Susanne Juma.

Danke an Peter Doss, mit dessen Hilfe ich spät aber doch mein Gesangstrauma überwunden habe und der mich ermuntert, auch meine Singstimme zu trainieren.

Wien, August 2004 Ingrid Amon

Seit dem Erscheinen der dritten Auflage darf ich dankbar zur Kenntnis nehmen, dass sich die »Macht der Stimme« im deutschsprachigen Raum als Standardwerk im Businessbereich etabliert hat. Ich danke meinen Leserinnen und Lesern für die zahlreichen Rückmeldungen, dass Sie durch dieses Buch u. a. die Einsicht gewonnen haben, wie wichtig Stimme in der heutigen kommunikativen Zeit ist, dass man Stimmgewohnheiten verändern kann und dass man letztlich durch Stimmentwicklung in seiner Persönlichkeit reift.

Wien, August 2007 Ingrid Amon

Inhalt

I. Einführung

Stimme bestimmt.

Stimme bestimmt die Stimmung.

Menschen mit Stimme finden Anklang.

Menschen mit gepflegter Sprache hinterlassen hörbar stärkeren Eindruck.

Stimme ist immer original. All rights reserved.

Das Abenteuer Stimme ist eines der letzten Abenteuer, das beinahe jeder Mensch auf diesem Planeten noch erleben kann. Unser Äußeres und seine Veränderung oder Verbesserung haben ihre Grenzen. Die Stimme kann besser werden mit jedem Lebensjahr.

Fragen Sie nicht, wieso wir das nicht in der Schule lernen. Wir lernen heute so vieles nicht beim Start. Sondern später, mühevoller. Lassen Sie uns froh sein, dass es so etwas Faszinierendes bei Ihnen gibt. Fangen Sie an. Machen Sie weiter. Werden Sie vertraut: Stimme können Sie erleben, erfahren, sich bewusst machen und genießen.

Stimme wirkt.

Stimme ist ein Schlüsselreiz in der Kommunikation.

Stimme ist ein mächtiges Kommunikationsinstrument.

Lange bevor sich Ihr Zuhörer mit Ihrem verbalen Inhalt befasst, haben Sie ihn auf mehreren Ebenen allein durch das ***wie*** Ihres Sagens massiv beeinflusst.

Erste Ebene: Bis in jede Körperzelle »manipulieren« Sie Ihre Hörer. Die Bewegungen der Atem-, Stimm- und Artikulationsmuskulatur wird vom Sprechenden zu den Hörenden übertragen. In dem Moment, in dem Sie den Mund für Laute öffnen, vollzieht Ihr Publikum kinästhetisch-motorisch Ihren Körperzustand mit. Das geht Ihnen auch so, wenn Sie zuhören. Wenn ein Vortragender Luftprobleme hat, dann wollen Sie nach Luft schnappen. Wenn sich bei einem Redner ein Frosch ankündigt, fangen Sie an, sich zu räuspern. Wenn ein Sprechender sehr nervös ist, spüren Sie die Schmetterlinge im Bauch oft selber. Oft werden wir auch ganz mitleidig gestimmt. Diesen »Eingriff« in das Körpergeschehen des Zuhörers halte ich für eine (wenn auch meist unbewusste) mächtige Beeinflussung! Im positiven Fall hält ein Sprecher mit diesem motorischen Mitvollzug sein Publikum in Atem. Beim Atmen wird diese Übertragung als »psychorespiratorischer Effekt« bezeichnet.

Zweite Ebene: Die Stimme überträgt immer zwei Botschaften. Außer dem verbalen Inhalt auch die Stimmungen des Sprechers. Ein Beschwerdeanruf kurz vor Dienstschluss stimmt Sie ärgerlich, Sie sollen aber freundlich antworten. Wenn nun Ihre freundliche Formulierung mit ärgerlichem Unterton erklingt, würde Winnetou sagen: »Bleichgesicht spricht mit gespaltener Zunge.« Untertöne können Inhalte sabotieren. Stimmklang ist mächtig.

Stimmprobleme sind persönliche Probleme.

Stimmprobleme sind peinliche Probleme.

Die meisten Menschen auf dieser Welt haben eine Stimme, können sprechen. Die Beherrschung des Instruments wird unbewusst erwartet. Es ist für viele Menschen deswegen extrem unangenehm, eingestehen zu müssen, dass sie ihre Stimme nicht optimal beherrschen. Man kann heute mit einem Sektglas in der Hand bei einer Vernissage seinem Chef im Smalltalk von Muskelverspannungen, vom Ischias und den gewählten Behandlungsmethoden erzählen, ohne dass es der Karriere schadet. Eher verschweigen wird man, dass man die Zähne beim Reden zu wenig weit öffnet, das »S« zischt und man mit seiner Brummstimme wöchentlich beim Logopäden sitzt. Stimmprobleme sind peinliche Probleme. Peinlich sind auch manchmal die Gefühle, die bei Stimmübungen aufkommen. Im Fitnessstudio zu schwitzen bereitet weniger Probleme als übend Tierlaute zu produzieren. Vertrauen Sie Ihrem Sprechlehrer. Er/sie hilft Ihnen über diese Hürde.

Es gibt also ein weites Gebiet zu erobern.

1. Vertraut werden mit der eigenen Stimme

Alles, was sich überhaupt sagen lässt, lässt sich klar sagen – und worüber man nicht reden kann, darüber muss man schweigen.

Ludwig Wittgenstein

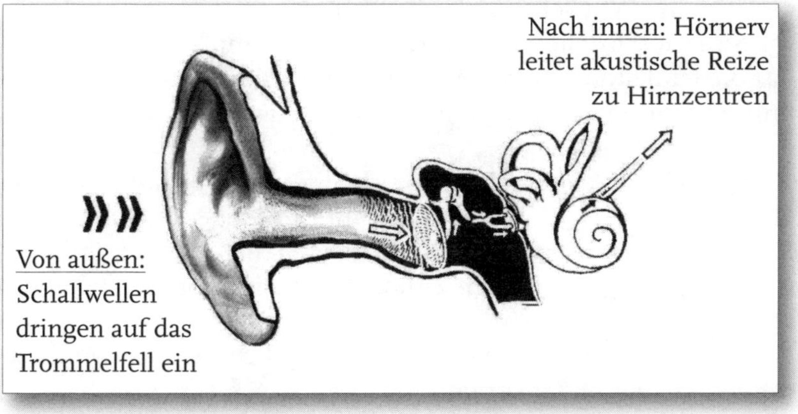

Abbildung 1: So kommt die Stimme zu den anderen

Haben Sie schon einmal Ihre Stimme von einem Tonband gehört?

Haben Sie dabei den »heilsamen Stimmerkennungsschock« erlitten?

Haben Sie überlegt, was der fremde Mann oder die fremde Frau mit Ihnen zu tun hat?

Physikalisch ist ganz schnell erklärt, wieso man sich bei Aufnahmen, z. B. am Anrufbeantworter oder am Diktiergerät, nicht so leicht erkennt. Ihre Stimme breitet sich in Form von Schallwellen zum Ohr des Gegenübers aus. Transportiert werden diese Schallwellen über die Luft (Luftleitung). Dort angekommen, wo sie hinkommen sollten, nämlich beim Trommelfell des anderen, setzen sie es in Schwingung, und beim anderen entsteht eine Hörempfindung. Ihr Gegenüber hört nur das, was aus Ihrem Mund kommt. Nun: Das hören Sie selbst auch. Aber: Sie selbst hören sich auch noch innerlich. Die Schallwellen Ihrer Stimme pflanzen sich nämlich nicht nur über die Luft fort. Der Schall, den Sie selbst produzieren, wird vor allem über Ihre Knochen an Ihr Innenohr geleitet. In Ihrem Ohr kommen, wenn Sie sprechen, eigentlich zwei Stimmen an: eine von außen, eine von innen. Eine über die Luftleitung und eine über die Knochenleitung. Mit dieser Empfindung sind Sie leider mutterseelenallein auf der Welt! Niemand anderer hört Sie so, wie Sie sich selbst hören. Andere Menschen empfangen von Ihnen nur die Luftleitungs-Stimme. Wenn Sie Ihr Tonband z. B. Ihrer Familie vorspielen, gibt es kein Erkennungsproblem: »Du sprichst doch immer schon so!«

Es erscheint logisch, dass Sie sich also mit Ihrer Außenstimme befassen müssen. Im Training kommt es weniger darauf an, was Sie empfinden, sondern was die anderen hören. Manchmal ist Übertreiben angesagt, weil beim Zuhörer ohnedies nur die Hälfte ankommt ...

Nun gilt es, eine erste Herausforderung anzunehmen: Vertrautwerden mit der Außenstimme.

Wie viele Fotos sind im Laufe Ihres Lebens schon von Ihnen gemacht worden. Ungefähr? Mindestens zwei Fotoalben voll. Wie viele Tonbandaufnahmen gibt es von Ihrer Stimme? Je nach Lebens- und Berufsgeschichte bestimmt **weniger** als Fotos. Worauf will ich hinaus? Sie sind mit Ihrem äußeren Erscheinungsbild, dem, was man von Ihnen sehen kann, einfach vertraut. Sie erkennen sich. Auf dem Maturafoto, bei der Hochzeit, im Urlaub ... Ihr Konterfei ist Ihnen in jeder Altersstufe auch mit all seinen Veränderungen bekannt. Ob Sie sich gefallen oder nicht steht auf einem ganz anderen Blatt. Aber Sie kennen und er-kennen sich und kommen selbst beim scheußlichsten Foto nicht auf die Idee: »Das bin ich nicht!« Insgeheim beschließen Sie vielleicht, sich eine andere Frisur zuzulegen ...

Das »**hörbare Äußere**« – Ihre Stimme und Ihre Sprache – ist Ihnen in keiner Weise so vertraut! Viele Menschen sind enttäuscht von Ihrer Stimme auf einem Tonband. Die meisten sagen: »Das kann doch nicht ich sein!« Und kaum einer weiß, was er an seiner Stimme und Sprechweise ändern kann. Auf der Ebene der Stimme nehmen die meisten an, sie wäre angeboren und unveränderbar. Gleich vorneweg: Das stimmt so nicht. Stimmgebung und Sprechweise sind erlernt und wie viele andere Gewohnheiten veränderbar. Nicht jeder kann sich eine strahlende Stimme zulegen, aber eine gepflegte Sprechweise mit Deutlichkeit, Präzision, Ausdauer und Ökonomie steht jedem offen, der sich darum kümmern möchte.

Die Praxis. Wir sind uns einig, dass Sie Ihrer Stimme mindestens 25 »Fotos« schuldig sind.

Am leichtesten geht es mit Ihrem Handy. So Sie über eine aktivierte Mailbox verfügen, empfehle ich: In den nächsten 25 Wochen rufen Sie sich einmal wöchentlich vom Festnetz oder einem anderen Handy aus auf Ihrer eigenen Mailbox an und lesen sich einen halben Zeitungsartikel vor (ca. 30 Sekunden). Beim Abhören aller anderen freundlichen Nachrichten begegnet Ihnen Ihre eigene Stimme. Kein Kommentar, keine Kritik. Einfach abhören. Gewöhnen ist das Ziel.

Oder Ihr Anrufbeantworter: Besprechen Sie ihn wöchentlich neu. Bemühen Sie sich um Deutlichkeit und kurze Sätze. Aufnehmen, abhören. Keine Kritik. Nächste Woche dasselbe. Maximal eine Korrektur. Und unter der Woche rufen Sie sich selbst zwei Mal von auswärts an. Gewöhnen Sie sich kommentarlos an das, was Sie hören!

Die ganz Fleißigen beginnen mit einer monatlichen Tonbandaufnahme. Lesen Sie einen Artikel einer Zeitung, deklamieren Sie ein Gedicht, sprechen Sie die Begrüßung eines Vortrages laut und hören Sie die Aufnahme zwei Mal ab. Keine Kritik. Keine Fehlersuche. Kein Kommentar. Das kommt später. Hier geht es erst einmal um das Vertrautwerden mit Ihrer Stimme. Sie ist ein wichtiger Teil

Ihrer Persönlichkeit. Wovon sprechen wir schließlich, wenn wir von »***dem*** **Organ**« des Menschen sprechen? Wir meinen nicht die Nasenspitze und nicht den großen Zeh. Nicht einmal das Herz! »***Das*** **Organ**« des Menschen ist die Stimme.

2. Wie wichtig ist die Stimme?

Wer das Ohr beleidigt, dringt nicht zur Seele vor.

Quintilian, römischer Sprechlehrer

2.1 Persönlichkeits-Faktor

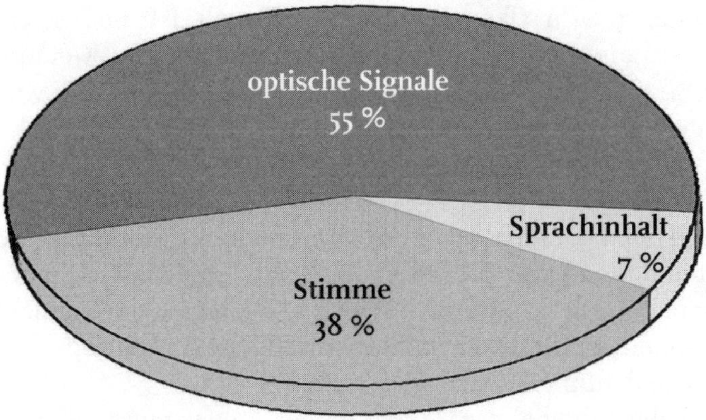

Abbildung 2: Komponenten einer positiven persönlichen Ausstrahlung (Mehrabian-Kreis)

Warum werden manche Menschen von anderen als graue Mäuseriche und Mäuse, andere als faszinierende, anziehende, gewinnende Persönlichkeiten beurteilt?

Schon im Jahr 1972 führte der Sozialpsychologe Albert Mehrabian als einer der Ersten ein Experiment durch, in dem er die Ausdrucksbereiche Wort, Tonfall und Gesichtsausdruck in ihrer relativen Wirkung untersuchte. Zur klaren Trennung wurde der Gesichtsausdruck über stumme Videos übertragen. Der Tonfall wurde mittels eines Bandfilters untersucht. So war der Inhalt der gesprochenen Worte unverständlich, der Klang und die Sprachmelodie blieben jedoch erhalten. Wie verhielten sich die Komponenten in Hinblick auf einen positiven Eindruck? – Das Ergebnis der Studie »Silent Messages« ist bis heute viel zitiert und unwiderlegt: Beide nonverbalen Signale hatten eine viel stärkere Wirkung als der verbale Inhalt!

Ein Vierteljahrhundert später kommt die Zeitschrift GEO (Dezember 1998) zu einer noch höheren Stimmwirkung in Hinblick auf persönliche Ausstrahlung: In einer repräsentativen Studie wurde erhoben, dass ein gebildeter Mensch eine neue Bekanntschaft zu 40 Prozent nach dem Klang der Stimme beurteilt. Für noch wichtiger erachteten die 1000 Befragten lediglich Gesicht und Kleidung. Je höher Bildungsgrad und Lebenserfahrung, umso wichtiger wird die Stimme: Rang zwei hinter dem Auftreten! Bei den über 50-jährigen Akademikern bestimmt zu 56 Prozent die Stimme über Sympathie und Antipathie.

Noch deutlicher machen es die Sprechwirkungsforscher Hartwig Eckert und John Laver. Sie fassen den Stand ihrer wissenschaftlichen Untersuchungen so zusammen: »Nicht *was* wir sagen, sondern *wie* wir es sagen, ist für die zwischenmenschliche Beziehung von allergrößter Bedeutung!«

Dass der Inhalt also gar nicht so wichtig ist, wusste man schon im alten Rom. Der römische Sprechlehrer Quintilian behauptete, »dass ein mittelmäßiger Inhalt unter der Gewalt eines vollendeten Vortrags mehr Eindruck macht als der vollendetste Gedanke, bei dem der Vortrag mangelt.«

Ein Sprichwort sagt es uns auch schon länger als jede Forschung: »Der Ton macht die Musik.«

Wie setzen Sie diese Informationen persönlich um? Sie können die Anwendung dieser Gesetzmäßigkeiten beobachten. In vielen Bereichen, wo es um viel Geld und um viel Macht geht: Werbung und Politik. Sehen Sie sich Werbespots im Fernsehen an. Für die Optik wird optimales »Menschenmaterial« ausgesucht. Da wird genau getestet, ob jemand dem Äußeren nach ein Typ ist, der Kaffee anpreisen kann, Babywindeln oder doch lieber Waschmittel.

Dann ist der Großteil der Spots mit optimal ausgebildeten Schauspieler- oder SynchronsprecherInnenstimmen unterlegt. (Da hört man ganz oft, wenn man genau hinhört, dieselben Leute reden.) Voll tragfähige, runde, warme Stimmen bringen dann inhaltlich wenig anspruchsvolle Botschaften zum Konsumenten: Sie haben Flecken, die Waschmittelfirma eine Lösung, dieses Müsli macht mobil und jenes Wässerchen beruhigt die Nerven ... Und es funktioniert!

Was könnte das für Ihre Sprechsituationen in Zukunft bedeuten? Klar – Ihre Inhalte sollten auch weiterhin erstklassig sein. *Was* Sie sagen, muss natürlich stimmen, fachlich richtig sein. Aber ob Sie nun einmal mehr oder weniger perfekt formulieren, ist nicht so wichtig. Achten Sie viel mehr darauf, Ihre Inhalte auch exzellent zu verpacken: angenehm im Ton, sauber in der Aussprache, melodisch in der Stimmführung, abwechslungsreich in der Lautstärke, rhythmisch durch gekonnte Pausen, spannend durch klare Betonung, überzeugend durch Stimmfestigkeit, mühelos verständlich durch Dialektfreiheit. Servieren Sie Ihren exzellenten Rotwein (= Inhalt) nicht im Zahnputzbecher, sondern im funkelnden Kristallglas. Punkten Sie mit Sprechkultur. Man darf und soll erkennen, dass Sie sich sowohl um den Inhalt als auch um seine bestmögliche Form angenommen haben. Das macht den wahren Meister auch heute aus. Dass ihm Form und Inhalt gleich-wertig sind.

Als Profi werden Sie sich mit hoher Wahrscheinlichkeit zumindest einmal im Leben ausführlich mit Ihrem optischen Erscheinungsbild auseinandersetzen. Mit Fragen nach richtiger Kleidung, richtiger Bewegung, wirkungsvoller Körpersprache. Die meisten von uns haben das (leider) nicht in der Schule gelernt, also besteht jetzt im Erwachsenenalter Handlungsbedarf. Aufgrund der Tatsache, dass andere Menschen Sie ansehen, können Sie für die betrachtenden Augen mit Kleidung, Frisur, Körperhaltung und -bewegung ein Wohlgefühl auslösen. Oder auch Irritationen auslösen. Verzichten Sie bewusst auf extreme Auffälligkeiten, ohne auf persönlichen Stil zu verzichten. Eine grün getupfte Krawatte und ein kurzer, enger Lederrock werden im Businessleben viel öfter zu Saboteuren Ihrer eigentlichen Botschaft. Solche »Vampire« lenken die Aufmerksamkeit der Betrachter von Ihrem Inhalt ab. Auch Ungepflegtheiten jeder Art fesseln die Augen der Betrachter: Laufmaschen, Flecken, Schuppen, Lippenstift auf den Zähnen, ungeputzte Schuhe und Brillengläser, offener Hosenschlitz ... Vor jedem Auftritt also auch ein Gang zum Händewaschen und zur kurzen Kleiderkontrolle.

Um herauszufinden, ob Sie eine übertrieben auffällige Gestik haben, Sie sich z. B. unbewusst ständig durch die Haare fahren, an Ringen oder mit Kugelschreibern herumspielen, genügt meist die Videoaufzeichnung einer Wortmeldung.

Faustregel: Ihre Optik stimmt, wenn niemand Ihre Kleidung oder Ihre Gestik zum Thema macht. Professionelle Hilfe kommt von Stil- und FarbberaterInnen und von Körpersprache-Profis.

Auch auf der klanglichen Ebene haben wir es oft mit Saboteuren/ Vampiren zu tun. Das Ohr des Auditoriums wird z. B. durch lautes, geräuschvolles Einatmen, verschluckte Endsilben, Stottern, Lispeln, Näseln, zu leises oder zu lautes Sprechen, zu monotone Sprechmelodie, eine falsche Tonlage, zu viele »Ähs«, Lieblingswörter, Modewörter (cool, mega, super usw.), ständiges Räuspern usw. irritiert. Mit der Behebung solcher Mängel werden wir uns in diesem Buch noch ausführlich befassen.

2.2 Business-Faktor

Studienergebnisse

Im deutschsprachigen Raum gibt es zwei aktuelle Studien zum Thema Stimme: »Wirtschaftsfaktor Stimme« (2004) und »Karrierefaktor Stimme« (2006). In der erstgenannten Studie ließ das internationale Netzwerk der Stimmberufe *www.stimme.at* Führungskräfte, Geschäftsführer, Personalentwickler, Personaldienstleister und Trainer befragen. 80 % der Interviewten sehen ganz klar, dass die Stimme wesentlich zum beruflichen Erfolg beiträgt:

- **Voice sells**

  Den höchsten Stellenwert hat die Stimme bei öffentlichen Auftritten und im Verkauf (94 %). In der Reihung folgen die Punkte Erstkontakte (93 %), Präsentationen (92 %), Überzeugungsversuche und Ausübung von Autorität sowie Schulungen und Vorträge (89 %), Bewerbungsgespräche (78 %), Durchsetzung in Teams und der zwischenmenschliche Bereich (70 %).

- **Potenzial nicht ausgeschöpft**

  Trotzdem haben insgesamt nur 25 % der Befragten ein Stimmtraining absolviert und nur 24 % der Befragten haben ein Stimmtraining für ihre Mitarbeiter organisiert. Mit 64 % plädieren die Personalentwickler am stärksten dafür, in ein Stimmtraining zu investieren. Von den trainierten Mitarbeitern kommen die meisten aus dem Bereich Verkauf. Dies erscheint logisch. Dann allerdings folgt sofort die Chefetage: erste Führungsebene und Geschäftsführung, zweite Führungsebene und Nachwuchsführungskräfte trainieren ihre Stimme.
  Die Stimme als Wirtschaftsfaktor ist besonders wichtig für Berufe mit Stimmklang. Telefonisten, Verkäufer und Berater legen mit über 80 % auf die Stimme besonders viel Wert.

Die zweite Studie aus dem Jahr 2006 kommt zu folgenden Ergebnissen:

- **Steigender Einfluss von Stimme und Sprechweise auf Karriereentscheidungen**

  Generell werden Karriereanwärter mit guter Stimme und Sprechweise vorgezogen, allerdings bis jetzt noch eher nach Gefühl als nach objektiven Kriterien. 91 % der Befragten präferieren Bewerber mit guter Stimme. Der Ausdrucksfähigkeit kommt somit überraschend hohe Bedeutung zu. Eine »gute Stimme« wird dabei jenen attestiert, die kräftig, klar, deutlich und motivierend sprechen. Stimmliche Sicherheit, flexible Stimmführung und voll klingende mittlere Stimmlagen werden positiv bewertet.

✶ Stimme der Mitarbeiter prägt Firmenimage

Was bei der Bewerbung bereits eine Rolle spielt, wirkt sich später im Kundenkontakt deutlich auf das Unternehmensimage aus. 97 % der Befragten bestätigen einen direkten Zusammenhang zwischen Stimmklang und Sprechweise der Mitarbeiter und dem Unternehmensimage. Kunden suchen auch in Zeiten digitalen Lifestyles den qualifizierten persönlichen Kontakt. Je mehr die Technik das Leben prägt, desto höher ist offensichtlich die Bedeutung von persönlichen Gesprächen und Telefonkontakten.

✶ Stimme zählt im Geschäftsalltag

Im Ranking der Situationen, in denen Stimme und Sprechweise wesentlich wirken, stehen Medienauftritte, Präsentationen und Telefonate. Es folgen Repräsentationssituationen, Kundenkontakt, Schulungen und Beschwerden. Schlusslicht bildet die interne Kommunikation, etwa Mitarbeitergespräche oder Besprechungen.

Den größten Unmut rufen mangelnde Stimme und Sprechweise bei Präsentationen, Vorträgen, Bewerbungsgesprächen und Sitzungen hervor.

65 % der Befragten sagen, dass die Bedeutung von Stimme und Sprechweise in den letzten zehn Jahren gewachsen ist. In Österreich wird dieser Einfluss durchgängig um etwa 4 % höher bewertet als in Deutschland.

Ganz spannend ist die Selbsteinschätzung der Führungskräfte und Personalmanager. Nur 7 % von ihnen sind mit ihrer eigenen Stimme und Sprechweise sehr zufrieden. Nur 43 % der Führungskräfte werden auch von anderen als sehr sicher im Ausdruck eingeschätzt.

Sie könnten diese Studienergebnisse dazu nützen, sich ganz bewusst und gezielt weiterhin mit Ihrer Stimme zu befassen. Sie gehören damit in den nächsten Jahren gewiss zu jenen, die den »Trend zur Stimme« rechtzeitig erkannt haben und sich damit auf Dauer einen Wettbewerbsvorteil verschaffen.

3. Stimme und Persönlichkeit

Die menschliche Stimme ist die Hauptweise,
in der der Mensch sein Interesse kundtut,
was er ist, das legt er in die Stimme.

Friedrich Hegel, deutscher Philosoph

Die Stimme gehört untrennbar zum Erscheinungsbild und zum Auftreten des Menschen. Stimme und Sprache stehen in unmittelbarem Zusammenhang mit Ihrer gesamten Persönlichkeit. Sie lässt Aufschlüsse und Rückschlüsse zu, in welchem Maß die eigene Persönlichkeit bejaht und gelebt wird. Sie ist ein Spiegel, inwieweit es deren Besitzern möglich ist, sie selbst zu sein.

Verschiedenste Methoden der Körpertherapie gehen davon aus, dass Stimme und Sprache deutliche Hinweise auf das Gesamtbefinden des Menschen sind. In der logopädischen Praxis verbessert sich im Lauf der Behandlung nicht nur der Stimmklang, sondern auch die Stimmung der Patienten. Stimme sagt etwas über den inneren Zustand aus.

Für ganzheitlich betrachtende und philosophierende Menschen hängt die Stimme eng mit dem Bild des Menschen als ein auf seinen Schöpfer bezogenes Wesen zusammen. Schon allein durch die enge Wechselwirkung von Atmung und Stimmgebung kann eine sprechtechnische Schulung einen Menschen auch auf dem Weg zur Entfaltung seiner Spiritualität begleiten. Und das Hörenlernen bezieht sich nicht allein auf das Hören der äußeren Stimme, sondern letztendlich auch auf die innere Stimme.

Über die Stimme offenbaren wir uns ganz. Sie verrät schonungslos unser tatsächliches Befinden, unsere Tagesverfassung, unsere Ängste, unsere Freude, im weitesten Sinn unsere seelische Gestimmtheit. Wir können lächeln, wenn uns nach Weinen zumute ist, keine Miene verziehen, wenn uns jemand beleidigt, aber wenn wir den Mund aufmachen, ist am Ton unsere wahre Einstellung hörbar.

Ist ein Mensch von Angst, Stress, Minderwertigkeitsgefühlen beherrscht, wird sich dies in entsprechenden Blockaden der Stimme äußern – so lange zumindest, bis er mit der Funktionsweise der Stimme vertraut und im bewussten Umgang sicher und automatisiert ist. Wenn Sie innerlich erregt sind, dann reagiert darauf auch der kleinste Stimmbandmuskelstrang. Grade dann, wenn wir unsere starken inneren Empfindungen eigentlich nicht nach außen verraten wollen, tobt ein innerer Kampf, der die Feinabstimmung unserer über hundert Sprechmuskeln empfindlich stört. Das ist der Stimme meistens anzuhören. Sie ist beeinträchtigt. Umgekehrt brechen Kraft und Selbstwertgefühl hervor, wenn die Stimme sich frei und ihrer Natur gemäß im Körper und nach außen hin ausbreiten kann.

Im Grunde kann man keine »Stimme bilden«, keine Redefähigkeit trainieren, ohne dass der Mensch innerlich mitreift. Die menschliche Stimme ist ihrem Ursprung und ihrem Wesen nach etwas »von innen«. Als Ausdruck des Seelischen führt sie den Menschen zu sich selbst und zugleich über sich selbst hinaus. Die Arbeit mit der eigenen Sprechstimme, die Entwicklung und Entfaltung des eigenen Sprechpotenzials geht immer mit geistig-körperlich-seelischer Entwicklung und Entfaltung einher. Der Trainer und die Mitmenschen hören die positiven Veränderungen oft viel schneller und deutlicher als man selbst. Sprechtechnische Übungen gehen Hand in Hand mit der Erweiterung der eigenen Ausdrucksfähigkeit. Die bewusste Sprechschulung führt (zurück) zur Freude am Sprechen, zur Lust an der Äußerung. Ernsthaft und motiviert betrieben ist sie eine ganzheitlich heilsame Persönlichkeitsschulung.

Die theoretischen Informationen über Stimme und Sprache, die Stimmkunde, begleitet die eigentliche sprechtechnische Praxisarbeit. Die meisten Schüler staunen über das Wunderwerk Stimme, wenn sie erst einmal erfahren, was Körper, Seele und Geist beim

Sprechen leisten. Den meisten Menschen machen die regelmäßigen Übungen zur Beherrschung der Technik Spaß. Je mehr sie sich auf den selbstverständlichen, richtigen Gebrauch der Stimme verlassen können, umso mehr Aufmerksamkeit kann man dem Inhalt widmen und dem Einbringen der eigenen Individualität. Es ist natürlich eine Illusion, dass Sie im Leben nie wieder Angst, Zorn, Ärger oder andere Emotionen haben werden. Je mehr Sie sich aber mit der Stimme als Körperfunktion beschäftigen, umso unabhängiger von den Emotionen sind Sie. Angst stört dann nicht mehr zwangsläufig Ihren Körper, Ihre stimmliche Äußerung bei einer Präsentation bleibt weitgehend unbeeinträchtigt. Das gibt erstens Sicherheit und zweitens verbessert sich die Qualität des Produktes entscheidend.

»Fräulein Psyche« und »Herr Körper«

Der von mir sehr geschätzte Prof. Horst Coblenzer verwendet diese Begriffe, um den Zugang zur Persönlichkeitsentfaltung zu verdeutlichen. Man muss nicht immer zuerst nach psychischen Ursachen, mentalen Blockaden oder seelischen Störungen graben, wenn es mit der Stimme nicht stimmt. Bewährt hat es sich, am Anfang »bei Herrn Körper anzuklopfen«. Wenn wir die körperlichen Voraussetzungen schaffen, die äußerlichen Rahmenbedingungen, unter denen die Stimme optimal funktioniert, lösen sich Blockaden oft von ganz alleine auf. Oder Sie sind zu einem späteren Zeitpunkt der Stimmarbeit viel leichter therapeutisch zugänglich als am Beginn. Also im Folgenden nicht zu lange zögern und nachdenken, besser ausprobieren, erfahren und anwenden.

4. Ihre Stimme als Präsentationsmedium

Ich behaupte, dass ein mittelmäßiger Inhalt unter der Gewalt eines vollendeten Vortrags mehr Eindruck macht als der vollendetste Gedanke, bei dem der Vortrag mangelt.

Quintilian

Ihre Stimme als Präsentationsmedium ist immer in Mode. Sie ist in keiner Weise technischen Neuerungen unterworfen. Ob Sie mit Flip Chart oder Computer präsentieren – Ihre Stimme ist und bleibt wesentliches Präsentationselement.

In Hinblick auf Ihre Stimme haben Sie immer das Copyright. Jede Folie kann Ihnen »abgekupfert« werden, Ihre Unterlagen mag ein anderer verwenden, Ihre Stimme gehört nur Ihnen. Ein anderer kann denselben Anzug tragen, eine andere dasselbe Kostüm, aber so sprechen wie Sie kann niemand.

Ihre Stimme und Sprechweise sind immer individuell. Mit Ihrer Stimme verleihen Sie Ihren Präsentation und Darstellungen immer Ihren ureigenen Stil. Mehr »persönliche« Note brauchen Sie nicht.

Ihre Unterlagen mögen Ihnen abhanden kommen – solange Sie Ihre Stimme mit sich haben und Ihren Kopf, sind Sie unabhängig und sicher. Auch bei Pannen: Wenn der Strom ausfällt, das Notebook abstürzt: Die Stimme ist Ihre Retterin. Sie ist auch das einzige, was bleibt. Es ist sehr weise, ihr genügend Aufmerksamkeit zu schenken.

Schließlich hat Stimme etwas mit Stimmung zu tun. Von technischen Hilfsmitteln geht niemals so viel Charme aus wie von einem Menschen, der gut und gepflegt spricht.

5. Wie Ihre Stimme wahrgenommen wird

Es ist äußerst wichtig für den Redner,
dass er die Saiten seines Instrumentes
nach dem Kammerton der Hörerschaft einstimmt,
bevor er zu musizieren beginnt.

Dessoir

»Persönlichkeit« kommt vom lateinischen »personare«. Das heißt durch-tönen, durch den Klang. Der Schauspieler der Antike trug eine Maske. Sie hatte beim Mund eine freie Stelle, jene Stelle, wo der Klang durch-tönen kann. Der Mensch hat also dann eine wirkliche Persönlichkeit, wenn sein Inneres ungehindert nach außen durch-tönen kann. Weiter gedacht: Das Äußere wird stets eine Maske bleiben, wir alle spielen Rollen. Der Klang zeigt, ob wir in diesen Rollen authentisch sind und wirken. Ob Sie wollen oder nicht, Ihr Gegenüber schließt aus dem Klang Ihrer Stimme auf Ihren Charakter. Weniger direkt formuliert: Die meisten Menschen assoziieren gewisse Charakterzüge mit bestimmten Stimmqualitäten.

Die Stimme wirkt in der Kommunikation wie ein Schlüsselreiz, der innerhalb von Sekunden darüber entscheidet, ob und wie wir beim anderen ankommen. Welche Zu-Stimmung, welchen An-Klang, welches Echo wir erreichen. Instinktiv wissen das viele Redner und Rednerinnen. Sie legen Enthusiasmus in die Stimme und lächeln öfter. Sie sind voller Energie und gestikulieren stärker, sie geben mehr Stimmvolumen und reden lauter. Ein Redner mag sich gut fühlen. Aber um beim Publikum anzukommen, muss sich das Publikum, die Zuhörerschaft wohlfühlen. Und die Grundregel ist sehr einfach: Das Gegenüber will es bequem haben, es hört besser zu, wenn es ihm bequem gemacht wird.

Die Forschungen gehen eindeutig dahin, dass Menschen mit warmer und tiefer Stimme lieber gehört werden als Menschen mit hoher, sich überschlagender Stimme. Mal ehrlich: Von Ihnen doch auch? Die »Tiefen« genießen meist einen Vertrauensvorschuss und werden als kompetent, selbstsicher und glaubwürdig eingestuft. Ob zu Recht oder Unrecht steht auf einem anderen Blatt. Sie genießen jedenfalls einen Bonus. Nicht umsonst haben »der liebe Gott« und der Nikolaus im Film stets dunkle, sonore Stimmen. Solche Stimmen gelten als Merkmal für Weisheit und Macht. Schrille Piepsstimmen lösen dagegen unangenehme Gefühle beim Gegenüber aus.

Aber Achtung! Deshalb jetzt eine tiefere Stimme erzwingen zu wollen, indem man den Kehlkopf permanent überstrapaziert, ist ein schlechter Rat mancher Imageberater. Lösen Sie das Problem anders: Suchen Sie Ihren stimmlichen Heimathafen auf, die Indifferenzlage.

Eine leblose, schwache Stimme wirkt wie ein Einschlafmittel. Sie können eine starke Überzeugung haben, lebhafte Argumente, tiefe Gedanken – wenn Ihre Stimme schwach und dünn ist, denken Ihre Zuhörer, dass Ihnen das Thema ziemlich egal sein muss.

Klein-Mädchen-Stimmen signalisieren »Papis kleines Töchterlein«, erwecken bei Männern oft Beschützerinstinkte, wirken manchmal sexy, öfter aber unsicher, unausgereift und inkompetent und nicht durchsetzungsfähig.

Mit angestrengter, scharfer Stimme wird man oft als aggressiv empfunden, als kalt und hart. Sie mögen Aufmerksamkeit bekommen, aber Sie erwecken auch Abwehrhaltungen. Die eigene Anspannung löst beim Zuhörer ebenfalls ein Angespanntsein aus. Eine weiche Stimme kommt warm, einladend und beruhigend an. Sie ernten leichter Offenheit und die Bereitschaft, sich auf Ihre Botschaften einzulassen.

Mit stockender, unrhythmischer Stimme und Sprechweise wirken Aussagen bruchstückhaft, wie ein Stakkato, unruhig. Das Gegenüber reagiert mit Zweifel und Irritation. Flüssiges, rhythmisches

Sprechen löst entspanntes Zuhören aus, kommt einfach und ebenmäßig an.

Wer näselt, trägt nach Meinung des Publikums »die Nase hoch«, wirkt eher langweilig, mimosenhaft, empfindlich.

Eine pathetische Sprechweise wirkt unehrlich, aufgesetzt, unecht.

Seien Sie nun dennoch nicht gleich enttäuscht, wenn Sie keine warme, volle, tiefe, ruhige »Idealstimme« haben. Entwickeln Sie die Ihre zur Höchstform! Denn eines ist unbestritten: In vielen Stimmen steckt weitaus mehr, als momentan zu hören ist. Viele Menschen sprechen mit einer verzerrten Version Ihrer Stimme. Sie haben nie richtig, ökonomisch, effizient und mühelos sprechen gelernt. Oder haben es wieder verlernt, weil sich Dauerstress, Anspannung, Ängste, Depressionen unserer hektischen Zeit auch in der Stimme hörbar machen.

Welches könnten hilfreiche Informationen bei der Entwicklung Ihrer Stimme sein?

- Ihre Stimme ist veränderbar. Viel mehr als von Genen sind die Entwicklung und der Gebrauch der Stimme angelernt. Die rein biologische Grundlage für Sprachausbildung ist bei allen Menschen gleich. Babys auf der ganzen Welt geben in einem bestimmten Alter bestimmte brabbelnde Laute von sich, das sind überall, auf der ganzen Welt dieselben. Beim Größerwerden imitieren sie die Laute, die sie in der Umgebung hören, die können sie gut nachmachen. Damit entsteht die jeweilige Sprache. Andere Laute wiederum brauchen sie nicht, deswegen verlieren sie die Fähigkeit, diese zu bilden. Im Chinesischen etwa gibt es kein »r«, chinesische Kinder hören es nicht, lernen nicht, es zu bilden – und haben Schwierigkeiten mit Fremdsprachen, in denen es vorkommt!
- Was wir nie verlieren, ist die Fähigkeit, eine **entspannte Stimme** zu erzeugen. Sie haben in jedem Lebensalter die Wahl, zum vollen Klang zurückzukehren.

- ✶ Stimmqualität hängt von der Ausgewogenheit ab, nicht von bestimmten Stimmlagen, die man ausschließlich produziert. Es geht immer um Höhe **und** Tiefe, Kopf- **und** Bruststimme, laut **und** leise ... Eine ausgewogene Stimme hat von allem etwas: Brustresonanz, Kehlkopf- und Kopfresonanzen, ein bisschen etwas Nasales.
- ✶ Deutlichkeit ist keine Frage von übertriebener, unnatürlicher, affektierter Aussprache. Sie kommt vom guten Bilden der Vokale (a, e, i, o, u) und dem präzisen Artikulieren der Konsonanten. Angepasst an den eigenen Atemstrom.
- ✶ Stimmvolumen hängt nicht von der Anstrengung ab, ganz im Gegenteil. Stimmfülle entsteht aus der Entspannung. Je mehr Sie sich anstrengen, umso gestresster, gepresster wird die Stimme. Drücken Sie die Stimme nicht heraus, stellen Sie sich vor, sie fließt aus Ihnen, aus Ihrem ganzen entspannten Körper.

Diese Grundinformationen sollen Ihren Kopf frei machen von vielen (auch negativen) Vorstellungen über Stimme. Sie sollen Sie neugierig machen auf die Töne, die in Ihnen schlummern. Und Neugier und Interesse sind denn auch die besten Voraussetzungen, sich auf das »Abenteuer Stimme« einzulassen.

6. Wie kann man Stimmen beurteilen und beschreiben? – Die Stimmqualität

Wenn man die Stimme eines Menschen hört,
so weiß man die Beschaffenheit seiner Seelenkraft.

Dshou, chinesischer Sprechlehrer und Philosoph

Von seinen Fans wurde Frank Sinatra »The Voice« genannt. Als Musterfall für eine Stimme, die »rüberkommt«. Die ein charakteristisches Timbre (Klangfarbe) hat, die unter die Haut geht. Die bei den meisten Menschen angenehme, positive, lustvolle Gefühle auslöst. Eine Stimme, die bei einem Ohr hineinkriecht und beim anderen nicht hinaus. Ein Ohrwurm. Eine Stimme, die man sich merkt. Eine Stimme, die man aus vielen, vielen anderen herauskennt.

Mediziner und Logopäden würden Frank Sinatras Stimme eher nicht als mustergültig bezeichnen. Rauchig, etwas heiser und deshalb nicht ganz gesund, hieße die Diagnose. Frankie-Boy hat sie jedenfalls zum vielfachen Dollarmillionär gemacht. Und es gibt manch andere fulminante Karriere, trotz oder gerade wegen einer – streng genommen – kranken Stimme.

Nun gehören die meisten meiner geschätzten Leser und Leserinnen nicht zu solchen Ausnahmeerscheinungen. Und im guten Rednerdurchschnitt ist es allemal ratsamer, heilsamer und gesünder, dafür zu sorgen, dass die Stimme richtig eingesetzt wird. Messen Sie sich lieber nicht an jenen »Vorbildern«, die uns die Medien tagtäglich vor Augen führen. Gerade Moderatorinnen und Moderatoren im Fernsehen legen sich manchmal eine »besondere« Sprechweise zu. Da wird es dann plötzlich eine paar Monate »modern«, zu hoch, zu schrill, zu piepsig, zu brummig, zu schlampig, zu nasal, zu schnodderig, zu hektisch zu sprechen. Begehen Sie bitte als »Normalpräsentator« nicht den Fehler, so eine Sprechweise als persönlichen Stil zu verkaufen. (»Stars« mit solchen Stimmen halten denn auch meistens nicht lange durch.)

Auch WissenschaftlerInnen und andere Fachleute lehnen eine Sprechausbildung oft ab, weil sie Sprechen häufig nur als geistige Leistung sehen. Das würde bedeuten, dass sich die Sprechweise eines Menschen mit der Zunahme seines Wissens automatisch verbessert. Interviews vieler Geistesgrößen aus Kultur, Politik und Wissenschaft lassen hören, dass das oft ganz und gar nicht der Fall ist.

In der sprechtechnischen Praxis braucht man Begriffe, die sich gut dazu eignen, Stimmen zu beschreiben. Diese Begriffe müssen so sein, dass der Schüler sie leicht verstehen kann und dass sie eine gute Rückmeldung im Hinblick auf Stärken und Schwächen ermöglichen.

Natürlich ist jede Beurteilung und Beschreibung prinzipiell subjektiv. Trotzdem macht es für das Feedback an den Kommunikationspartner einen Unterschied, ob ich seine Stimme als sympathisch oder unsympathisch beschreibe oder als frisch oder verbraucht.

Die folgenden Stimmcharakteristika sind praktisch erprobte und hilfreiche Vokabeln, die auch Ihnen offenstehen, wenn Sie in Zukunft viel bewusster andere Stimmen hören und Ihre Eindrücke in Worte fassen müssen. Sehr oft, aber nicht immer sind Gegensatzpaare hilfreich.

Stimme und Sprechweise können sein:

- * hoch – tief
- * kräftig – leise
- * klar – gedämpft
- * voll – dünn/flach
- * fest – zittrig
- * warm – kalt
- * hart – weich/sanft
- * hell – dunkel
- * jung – alt
- * frisch – verbraucht/müde
- * emotional belegt – sachlich/neutral
- * präsent
- * kernig
- * entspannt – gepresst
- * präzise/deutlich – undeutlich
- * schneidend/scharf – verschwommen
- * schrill – brummig
- * männlich – weiblich
- * erotisch/sexy
- * frei fließend – stockend
- * melodisch – monoton
- * rhythmisch – monoton
- * sonor/klangvoll
- * belegt/heiser/krächzend
- * nasal
- * nuschelnd
- * aktivierend – dämpfend/beruhigend

Wie geht es Ihnen mit Ihrer eigenen Stimme? Fangen Sie doch gleich an mit einer Bestandsaufnahme. Bitte setzen Sie im Fragebogen auf der folgenden Seite zu jeder Frage einen Punkt auf die Linie zwischen 0 % (eher nein) und 100 % (eher ja). Am Schluss verbinden Sie die Punkte von Frage 1 bis Frage 20 miteinander.

Fragebogen

		eher nein		eher ja
1	Meine Stimme ist sicher und fest.	0%	....	100%
2	Der Klang meiner Stimme ist rund und voll.	0%	....	100%
3	Ich spreche unverkrampft und locker.	0%	....	100%
4	Auch nach längerem Einsatz klingt meine Stimme unangestrengt.	0%	....	100%
5	In großen Räumen und vor vielen Menschen bin ich gut verständlich.	0%	....	100%
6	Ich bewege mich in Sprechsituationen sicher und frei.	0%	....	100%
7	Auf meine Gesprächspartner gehe ich offen zu.	0%	....	100%
8	Meine Körpersprache erlebe ich als frei und ungehemmt.	0%	....	100%
9	Vor dem Einsatz bin ich sicher, eher nicht nervös und ohne Lampenfieber.	0%	....	100%
10	Ich stehe gern »auf der Bühne«.	0%	....	100%
11	Ich spreche klar und deutlich.	0%	....	100%
12	Meine Zuhörer nehme ich während des Sprechens jederzeit wahr.	0%	....	100%
13	Ich spreche im richtigen Tempo.	0%	....	100%
14	Ich lasse meinen Zuhörern Zeit zum Nachdenken und Reagieren.	0%	....	100%

		eher nein		*eher ja*
15	Ich bitte regelmäßig um Feedback über meine Sprechweise (Freunde, Partner, Mitarbeiter)	0%	....	100%
16	Ich vergewissere mich, dass meine Botschaften angekommen sind.	0%	....	100%
17	Ich habe bereits mit Fachleuten an meiner Stimme gearbeitet.	0%	....	100%
18	Ich singe und summe im Alltag gerne vor mich hin.	0%	....	100%
19	Ich bin weniger als dreimal im Jahr heiser.	0%	....	100%
20	Ich habe bereits viele Bücher über die Stimme gelesen.	0%	....	100%

Vermutlich ahnen Sie bereits:

- Wenn sich Ihre Linie mehr rechts von der gedachten Mittellinie bewegt, haben Sie schon guten Zugang zu Ihrem Stimmpotenzial und erleben wahrscheinlich zahlreiche Sprechsituationen, in denen es einfach »läuft«.
- Eine Linie mehr links von der Mitte bedeutet, dass Sie Ihr Stimmpotenzial noch nicht optimal nützen.
- Bei Linienführung nahe der 0%-Marke besteht dringender Handlungsbedarf.

Mit diesen Fragen sollte außerdem Ihr Bewusstsein zur Stimme und zum Sprechen erweitert werden. Vielleicht hatten Sie ja auch schon ein Aha-Erlebnis, vielleicht hat Sie manche Frage überrascht und verwundert.

In jedem Fall: auf den folgenden Seiten erfahren Sie mehr.

7. Männer klingen anders, Frauen auch: Der hörbare Unterschied

Wenn man einem Menschen eine neue Stimme gibt, gibt man ihm auch einen neuen Charakter.

Prof. Higgins in My Fair Lady

Die meisten Menschen auf der Welt haben hohe Stimmen. Kinder und weibliche Menschen liegen überall auf der Erde hinsichtlich der Stimmfrequenzen im hohen Bereich. Die Männer scheren aus, ihnen hat die Evolution den unteren Frequenzbereich gegeben. In der Pubertät sinkt die Bubenstimme hormongesteuert um etwa eine Oktave (acht Töne), die Mädchenstimme nur um eine Terz (drei Töne). Erwachsene Männer sprechen im Allgemeinen in einer Tonlage zwischen 120 und 180 Hertz, Frauen liegen im Durchschnitt eine Oktave darüber.

Die Unterteilungen der männlichen Stimmlagen bezeichnen wir mit **Tenor** (hoch), **Bariton** (mittel) und **Bass** (die tiefste). Auf der weiblichen Seite heißt man sie **Sopran, Mezzosopran und Alt**, wieder von hoch nach tief. Diese Bezeichnungen sind allgemein üblich, nicht nur fürs Singen.

Hohe Melodien, hohe Signale nehmen wir intensiver wahr als tiefe. Im Laufe der menschlichen Entwicklung bekamen wir in unserem Innenohr drei Mal so viele Haarzellen für hohe Stimmen und Töne als für tiefe. Bei gleichem Energieaufwand tönen hohe Frequenzen für uns intensiver als tiefe. Hohe Stimmen, hohe Instrumente haben immer »das Sagen«. Sie tragen seit Jahrhunderten in der mehrstimmigen Musik die Melodie, während sich die tiefen Instrumente sozusagen »nur« als Träger eignen. Wenn tiefe Stimmen also weit und eindringlich gehört werden wollen, müssen sie dafür sorgen, dass die dominanten hohen Stimmen schweigen. Ein Bass-Solo im Jazz ist nur dann ein Solo, wenn die anderen Instrumente fast völlig schweigen. Eine Piccoloflöte hört man immer heraus. Auf einem Spielplatz beispielsweise nehmen wir Kinder mit ihrer Helligkeit schneller und klarer wahr als die dazugehörenden Väter. Die Reihe von Beobachtungen ließe sich lange fortsetzen. Alle Warnsignale von Feuerwehr über Polizei bis Luftschutzwarnungen: hohe, ganz hohe Frequenzen – weit und deutlich hörbar.

Mutter Natur hat den Frauen die stimmliche Dominanz eingeräumt. Warum das so ist, haben weder Biologen noch Anthropologen noch Psychologen noch Evolutionsforscher bisher hinreichend beantwortet. Welchen Sinn macht es evolutionsgeschichtlich wohl, dass die weibliche Stimme die männliche übertönt?

In der Kommunikation zeigt dieser evolutionsgeschichtliche Ist-Zustand für weibliche Menschen manchmal eine nicht angenehme Wirkung. Eine hohe Stimme wird oft als »unsachlich« oder »emotional« gedeutet.

Hohe weibliche Piepsstimmen werden ausgesprochen klischeehaft bewertet, kaum positiv (»dummes Püppchen«). Studien zeigen, dass tiefe Männerstimmen, sofern sie natürlich und nicht verstellt sind, bevorzugt werden. Frauen mit tiefer Stimme oder mit nach unten verstellter Stimme werden eher negativ beurteilt, aber als kompetent eingestuft. Grundsätzlich ist erforscht: je weiter sich Stimmen – männliche *und* weibliche! – von der gesunden Norm entfernen, desto unangenehmer und negativer kommen sie an. Und für beide Geschlechter gilt auch: Die Zuhörer schließen aus dem Stimmklang auf Charakter, Aussehen, soziale Herkunft und sogar den Beruf!

Für das Stimmtraining steht damit außer Zweifel, dass das Ziel des Wohlklangs nicht in einer bestimmten Stimmlage liegen kann. Es kommt vielmehr darauf an, jene Sprechstimmlage zu finden, in der Sie selber »zu Hause« sind. Viele Menschen haben sich mit diesem Thema nie auseinandergesetzt, daher sprechen Frauen oft zu hoch und Männer oft zu tief.

Dabei hat jeder eine individuelle Sprechstimmlage, in der es möglich ist bequem, ausdauernd, mühelos und gleichzeitig schwung- und lustvoll zu sprechen. Man nennt sie Indifferenzlage. Sie ist gleichsam wie ein stimmlicher Heimathafen, den Sie in jeder Sprechsituation wieder und wieder ansteuern müssen. Sie sichert Ihnen einen ökonomischen Stimmgebrauch. Die Indifferenzlage befindet sich im unteren Drittel Ihres gesamten Stimmumfangs und wird als mittlerer Tonhöhenwert definiert, um den die Stimme während des Sprechvorganges schwankt. Dauerhaftes Abweichen davon bedeutet vermehrte Stimmbelastung und hat stimmschädigende Auswirkungen.

Wie finden Sie Ihre Indifferenzlage – Ihren stimmlichen Heimathafen?

Stellen Sie sich vor, Sie philosophieren mit Freunden. Dabei brummen Sie nachdenklich, mit einer leicht bejahenden Einstellung ein »mhmmm«. Ein leichtes Kopfnicken unterstützt den Brummton, den Sie drei bis fünf Mal in Ruhe produzieren. Wenn dieser Ton jedes Mal von selber gleich klingt, sich wohlig anfühlt, dann sind Sie im Heimathafen! Jetzt gilt es noch, diese bequeme Stimmlage in ganze Sätze oder Wörter umzusetzen. Machen Sie noch mal den Brummton. Dann schließen Sie aus dem Brummton heraus – ohne Unterbrechung zwischen »mmm« und dem ersten Wort – eine melodiöse zustimmende Satzschleife an. Bewährt hat sich für Generationen von Stimmschülern »mmmjaaaaa, jetzt versteh' ich dich endlich« (Coblenzer/Muhar). Die Praxisempfehlung lautet, mindestens fünfzig Mal täglich den Brummton zu erzeugen. Nützen Sie das im Alltag häufig vorkommende kommunikative Zustimmen, z. B. am Telefon, und machen es zu einer Miniaturausgabe des Brummtons.

Der guten Ordnung halber: die dynamische Änderung der Sprechtonhöhe bewegt sich wünschenswerterweise rund um die Indifferenzlage. Mit anderen Worten: kehren Sie immer wieder in den Heimathafen zurück.

8. Kinder und Eltern

Bewusstheit für den Wert der Sprache,
des Wortes, des Lautes zu schaffen,
bereichert die Ausdrucksfähigkeit jedes Menschen.

Evemarie Haupt

Eltern fragen mich oft besorgt, wie man Kinder am besten zum »Schönsprechen« bringt. Dahinter steht die richtige Annahme, dass eine gute Beherrschung der Muttersprache und wirkungsvolle sprachliche Ausdrucksmöglichkeiten einen Startvorteil fürs Leben bedeuten.

Ich antworte sehr einfach: Am besten ist das Vorbild der Eltern. Am zweitbesten ist sprachliche Vielfalt. Pflegen Sie selber Ihren heimischen Dialekt genauso wie schönes Hochdeutsch. Und erlauben Sie Ihren Kindern vielfältige Ausdrucksmöglichkeiten. Sie sollen mit ihren Freunden den Slang der Clique sprechen und sich mit den schwerhörigen Großeltern mit sehr deutlicher Artikulation verständigen. Sie sollen Pokemons und Spongebob nachmachen, Cinderella und Donald Duck, Christina Stürmer und Herbert Grönemeyer.

Tipp:

Bei uns zu Hause gibt es den so genannten »Schlampig-Sprechtag«. Wir sprechen dann auch mal mit vollem Mund. Dabei gilt die Regel, so deutlich zu artikulieren, dass man mühelos verstanden wird. Das schult die Artikulationswerkzeuge spielerisch. Am »König-und-Königinnen-Sprechtag« drücken wir uns so nobel und elegant wie möglich aus.

Wenn Ihr Kind sich in unterschiedlichen Sprachformen ausdrücken kann und automatisch wechselt, schaffen Sie die besten Voraussetzungen für gute Kommunikation in späteren Jahren, nämlich: sich auf den jeweiligen Gesprächspartner einzustellen. Kinder mögen es gar nicht, wenn sie ausschließlich zu einer ganz bestimmten Ausdrucksweise angehalten werden. Erinnern Sie sich an Ihre eigene Kinderzeit: sprich deutlicher, nicht mit vollem Mund, nur wenn du gefragt wirst etc. Solche Sätze hinterlassen unangenehme Gefühle.

II. Die Sprechwerkzeuge

1. Übersicht

Ihr könnt nicht anders sprechen,
als ihr euch bewegt.

Samy Molcho

Sprechen ist der abstrakteste Vorgang, den ein Mensch leistet. Die Abbildungen 3 (Seite 60), 4 (Seite 62) und 5 (Seite 76) können Ihnen die Einsicht vermitteln, dass Sprechen viel mehr ist, als den Mund aufzumachen. Viele Körperteile müssen zusammenwirken, im Idealfall als erstklassiges Team. Und: Über die Stimmfunktion Bescheid zu wissen, macht Sie auf Dauer unabhängiger von Emotionen.

Das allererste, was wir brauchen, ist das **Gehirn**. Das ist nicht so selbstverständlich, wie es klingt. Oft hat man das Gefühl, der oder die Rednerin habe den Denkapparat vor Sprechbeginn nicht eingeschaltet. Konkret: Ohne Befehl aus der Steuerzentrale geht es einfach nicht gut. Sprechen ist, wie jedes andere willkürliche Körpergeschehen, immer mit einer geistigen Leistung verbunden. Mentale Präsenz begleitet alle Vorgänge.

Dann braucht die Stimme Luft. Die Stimme ist Luft. »Ausatem«. Zur Atmung haben wir Lunge und Atemmuskulatur. Dem Zwerchfell als wichtigstem Atemmuskel kommt eine besondere Funktion zu. Mit Hilfe des Zwerchfells beginnt die Zuleitung zur Engstelle **Kehlkopf**.

Wenn Luft aus der Lunge durch die Luftröhre in Richtung Kehlkopf strömt, bringt sie die Stimmbänder (= Stimmlippen) zum Vibrieren. Hörbare Schwingungen, Schallwellen entstehen. Das

Schwingungsmuster der Stimmbänder ist im Normalfall eine messbare Sinusschwingung mit Obertönen. Im Kehlkopf wird ein Grundton erzeugt. Ein undifferenzierter Primärschall. Dieser Ton ist nur in Lautstärke und Tonhöhe definiert, ähnlich einem Grashalm, den man zwischen beide Daumen einspannt und anbläst. Von der Länge, Dicke und Spannung Ihrer Stimmbänder hängt die Tonhöhe ab. Tiefe Töne entstehen bei kurzen, wenig gespannten Stimmlippen. Hohe Töne bei gespannten, langgezogenen Stimmlippen. Für die Spannung der vertikal liegenden Stimmbänder sorgen feine Muskeln.

Mit Hilfe von **Mund, Zunge, Lippen, Zähnen** und den Resonanzräumen (Hohlräumen) bekommen diese Grundtöne eine Form. Es werden die uns bekannten Sprachlaute gebildet. Beispielsweise ein »A« oder ein »O« oder ein »P«. Von der Stellung der Artikulationsorgane hängt es ab, welches Wort Sie aussprechen, sprich, welche Form es bekommt. Fachsprachlich ausgedrückt heißt es auch: Der Primärschall wird überformt. Die Lautbildungsorgane bilden über den Stimmlippen ein Raumsystem. Dieses nennt man Ansatzrohr.

Dann brauchen Sie als Steuer- und Kontrollorgan Ihre **Ohren.** Die Ohren sind der Architekt unseres Klanges. Den audio-vokalen Regelkreis kennen Sie von der Ebene der Behinderung. Warum können gehörlose (früher: taubstumme) Menschen nicht Sprache erzeugen wie Sie und ich? Weil das Ohr dieser Aufgabe als Steuer- und Kontrollorgan nicht nachkommt (alle anderen Sprechwerkzeuge sind meist voll funktionstüchtig). Das Ohr stellt sich vor, wie was gesagt werden soll. Und der Rest des Teams bildet diesen Klang.

Schließlich benötigen wir die gesamte Körperhaltung zur Erzeugung der Körperresonanzen und die Körperbewegung (vor allem Gestik) zum melodischen Gesamtausdruck.

Bevor Sie mit den Übungen anfangen, möchte ich Sie bitten, folgende Übungsgrundregeln mit »wohl wollender Einsicht« sorgfältig durchzulesen:

✶ Grundregel Nr. 1: **Profis üben mit sich selber laut!**

Reden lernt man, indem man redet. Sie werden kein besserer Sprecher nur durch das Lesen dieses Buches. Sie werden auch nicht besser sprechen, wenn Sie noch mehr darüber nachdenken, wie Sie sprechen wollen. Manche von Ihnen haben das schon oft genug erlebt. Im Kopf hatten Sie Ihre Präsentation ganz toll vorbereitet, die Argumentationslinie ausgedacht, die Begrüßung entworfen, den Schlusssatz kreiert. Als der Mund den Transport zum Hörer hätte übernehmen sollen, gab es Unstimmigkeiten zwischen Gehirn und Mund ... Klar, der Mund war ja in Ihre Vorbereitungen nicht einbezogen. Ab sofort wird bitte laut geübt und vorbereitet. Außerdem stärken Sie den audio-vokalen Regelkreis.

✶ Grundregel Nr. 2: **Training und Wettkampf sind zu trennen.**

Lassen Sie mich mit einem Bild diese Regel verdeutlichen. In der Formel-1 wird in der Werkstätte der Bolide so weit in Einzelteile zerlegt, dass das Auto manchmal nicht als Auto zu erkennen ist. Wenn Ihr Sprechtrainer also von Ihnen einen kläffenden Hund verlangt und um Froschgequake bittet, handelt es sich um ein Einzelteil. Auf der Rennpiste wiederum, mit Massen von Publikum, darf angesichts eines chromblitzenden Rennautos niemand an eine kleine Schraubenmutter denken. Die muss sitzen und funktionieren. Beim Sprechauftritt soll Ihr Publikum das Gesamtprodukt hören und nicht etwa rückmelden, wie deutlich Sie Ihr »T« aussprechen. Training geschieht im Normalfall alleine. Bewährte Trainingsräume in Ihrem Alltag sind die so genannten ABCD-Räume: Auto, Bad, Clo und Dusche. Ab sofort haben Sie in jedem Stau die Wahl, sich zu ärgern oder etwas für Ihre Stimme zu tun.

✶ Grundregel Nr. 3: **Im Training geben Sie 130 %.**

Im Zweifelsfall lieber weniger Wiederholungen, dafür exakt, als viele Übungen schlampig. Es geht um genaues Wahrnehmen, differenziertes Hören, Feinabstimmung. Ohnedies bleiben dann im Ernstfall optimistisch eingeschätzt erst mal 80 % übrig. Außerdem handelt es sich beim Sprechtraining um die Veränderung einer langjährigen Gewohnheit. So wie Sie derzeit sprechen, praktizieren Sie es schon lange Zeit. Haben Sie schon einmal versucht, in Ihrem Leben Gewohnheiten zu ändern?

✶ Grundregel Nr. 4: **Dialog statt Monolog.**

Stellen Sie sich von Anfang an immer einen reagierenden Zuhörer vor. Am Schluss aller Bemühungen sollen Sie ja besser ankommen mit Hilfe Ihrer Stimme. Nicht wie schön Sie sprechen, sondern welches Echo Sie haben, ist das Endziel. Auch bei der banalsten Übung sprechen Sie zu irgendeinem Gegenstand in Ihrer Nähe (Blumentopf, Lampe, Bild etc.). Alles eignet sich, um im Training die Rolle Ihres Hörers zu simulieren.
Eine Variante ist, sich ein kleines grünes Marsmännchen, einen Gartenzwerg oder Ähnliches vorzustellen und in verschiedenen Ecken des Raumes zu platzieren. Ihr imaginärer Zuhörer ist zudem ein absolut wohl wollendes Wesen, das grundsätzlich an allem und jedem interessiert ist, was Sie sagen. Für die Sprechsituation ist es erforderlich, von Anfang an »auf Dialog« eingestellt zu sein. Monologe schätzt das Publikum nicht sehr. Rein mechanisches Üben macht Ihnen auch selber keinen Spaß. Also trainieren Sie von Anfang an, die Reaktion Ihres Gegenübers (aufmunterndes Lächeln, zustimmendes Nicken etc.) in Ihr Sprechen miteinzubeziehen.

Viel Spaß!

2. Warm-up-Programm – Stimmhygienische Maßnahmen

Es genügt nicht, dass man rede,
man muss auch richtig reden.

Shakespeare, Sommernachtstraum

Wir alle wissen, dass es für Sportlerinnen und Sportler eine unabdingbare Voraussetzung ist, sich vor dem Wettkampf entsprechend aufzuwärmen. Nehmen wir als Beispiel Schirennläufer. Wir beobachten sie im Startraum: Die Muskeln werden gelockert, der Körper wird vorbereitet. Wir sehen, wie sie im Geiste, in ihrer Phantasie, schwierige Passagen des Kurses in Gedanken schon »durchfahren«. Wir spüren und vermuten, dass sie auch mit einer seelischen Einstellung an den Start gehen, die lautet: »Ich gebe mein Bestes. Das Rennen gewinne ich.« Und sicher nicht: »Na, fahr ich mal ein bisschen runter.«

Jeder Klavierspieler lockert (nicht nur) seine Finger vor dem Konzert, jeder Opernsänger singt sich **vorher** entsprechend ein. Und stellen Sie sich nur vor, er täte es nicht. Er käme auf die Bühne, der Vorhang hebt sich und Sie merken ganz genau, der singt sich erst während des ersten Aktes/Liedes warm ... Sie ärgern sich, weil Sie eine professionelle Leistung erwarten, und zwar von der ersten Minute an. Sie zahlen nicht dafür, dass der Opernstar seine Hausaufgaben nicht gemacht hat.

Unserer Sprechstimme schulden wir genauso ein Aufwärm-Training. Täglich, wenn Sie »Stimm-ArbeiterIn« sind. Immer vor wichtigen Anlässen, wenn Sie zumindest gelegentlich etwas sagen wollen. Zumal viele von Ihnen die Erfahrung haben, dass die Stimme am Morgen »knackt« und »grummelt«. Sie ist meist tiefer, belegt, brummiger als im Laufe des Tages. Man muss sich häufig räuspern und oft kommt erst während der ersten Telefonate, die Sie tagsüber führen, Ihr voller Klang wirklich heraus.

Kein Wunder: Am Morgen befreien wir viele Partien unseres Körpers von den Schlacken der Nacht. Wir frisieren, duschen, schnäuzen uns, benutzen Zahnbürste und Zahncreme. Es ist ein höchst unangenehmes Gefühl, wenn man mal das Haus verlassen muss, ohne sich die Zähne geputzt zu haben! Die Sprech-Werkzeuge unterliegen demselben Ausscheidungsprozess. Sind Sie je auf die Idee gekommen, auch Ihre Lunge, Ihren Kehlkopf, Ihre Stimmbänder zu reinigen?

Eine effiziente Stimmhygiene ist das Aufwärm-Programm auf der CD:

Bevor Sie das erste Mal mit der CD arbeiten, lesen Sie bitte die nachfolgenden Erklärungen aufmerksam durch. Auf der CD finden Sie ganz bewusst nur den Übungsteil. Dieser Text ist auf den nächsten Seiten kursiv gedruckt. Ihr täglicher Übungsablauf soll nicht durch Erklärungen gestört werden. Vor dem ersten Üben ist es aber sinnvoll, den Ablauf genau zu lesen. Machen Sie die Übungen am besten gleich am Morgen oder spätestens eine Stunde vor Ihrem Stimmeinsatz. Im Idealfall haben Sie ein bisschen Bewegungsfreiheit. Viele der Übungen lassen sich aber auch gut unterwegs, im Auto, im Büro ausführen.

Das Programm hat seine Grundlage in den wissenschaftlichen Erkenntnissen der Stimmtherapie und der Gesangspädagogik. Mit Unterstützung des bonavox®-Teams habe ich knapp und präzise ein leicht anwendbares Training für alle relevanten Teilbereiche der Stimmgebung zusammengestellt. Vorbeugend eingesetzt kann es Stimmüberlastung und Stimmprobleme vermeiden.

Hinweis: Das Aufwärmtraining ist hilfreich und unterstützend für die gesunde Stimme. *Es ersetzt aber keinesfalls eine stimmtherapeutische Einzelarbeit bei bestehenden Stimmproblemen.*

Acht Übungen zum Aufwärmen:

➲ Übung Nr. 1: Lockert Grobspannungen und aktiviert Kreislauf und Atmung

Ihr Körper ist der Resonanzkasten für Ihre Stimme. Allerdings funktioniert der menschliche Körper weniger nach dem Hohlraumprinzip, wie z. B. bei Geige oder Gitarre, sondern durch Schwingungsverstärkung vor allem in den Knochen.
Erzeugt werden die Schwingungen im Kehlkopf, geformt im Ansatzrohr, dann an die Außenluft übertragen. Wenn sich die Schwingung im gesamten Körper gut ausbreiten kann, entsteht ein Klang, der Sie nicht anstrengt.
Muskuläre Verspannungen oder gravierende Fehlhaltungen des Körpers blockieren die Schwingungsausbreitung. Vor allem Kiefer, Schulter, Hals und Beckenboden sollten möglichst frei beweglich sein. Probieren Sie einmal »Hallo« zu rufen und dabei die Schultern fest hochzuziehen. Dann als hörbarer Unterschied dasselbe »Hallo« mit lockeren Schultern.

Warm-up. 👂 *Cut* ❶

Stimme ist Schwingung.
Und Schwingung setzt sich am besten in einem lockeren Körper fort.
Lockern und tonisieren wir zu Beginn. Stellen Sie sich auf die Zehenspitzen und strecken Sie die Fingerspitzen zur Decke aus. Dehnen Sie sich ganz genüsslich. In Ihrer Vorstellung berühren Sie die Decke abwechselnd einmal mit der rechten und einmal mit der linken Hand.
Ab jetzt stehen Sie auf der ganzen Sohle, die Beine hüftbreit auseinander, lassen die Arme kreisen wie große Windräder – beide Arme gleichzeitig oder einzeln.

Lassen Sie jetzt die Schultern kreisen, beide etwa drei Mal nach vorne und drei Mal nach hinten und dann auch einzeln die rechte und die linke Schulter.
Nun kreisen Sie auch das Becken, im Uhrzeigersinn einige Male und auch in die Gegenrichtung.
Anschließend die Po-Backen kurz und fest zusammenkneifen und schließlich wieder loslassen.
Und jetzt lassen Sie noch Ihre Knie schlottern, ganz weich. Wippen Sie einige Male locker in den Knien, sodass der ganze Körper durchgeschüttelt wird.
Zum Schluss hüpfen Sie noch ein-, zweimal am Stand. Locker und federnd abspringen.

➲ Übung Nr. 2: Wahrnehmung der Atmung

Die Materie der Stimme ist die Luft. Ihr Atem hängt unmittelbar von Ihrem körperlichen Zustand ab. Der aufgerichtete, geweitete Körper hat grundsätzlich mehr Luft. Stimme ist »Ausatem«. Im Ruheatem beträgt das Verhältnis zwischen Ein- und Ausatmen ungefähr 1:1. Der Ausatemdruck ist anfangs stärker und flacht dann ab. Für die Lautgebung trachten wir danach, den Ausatem zu verlängern und die Luft gleichmäßiger und stetiger ausströmen zu lassen. Das kann der Körper über einen gezügelten Ausatemdruck, die so genannte »inspiratorische Gegenspannung«: Muskelkräfte kommen zum Einsatz, die das Zwerchfell während des Ausatmens so lange wie möglich am »Zusammensinken« hindern. Es geht nur langsam wieder in Aus-Atem-Stellung! Wenn Sie die Übung 2 durchführen, stellen Sie sich bei der größer werdenden, fließenden Handbewegung Wasser als Widerstand vor (wie z. B. beim Schwimmen). Damit mobilisieren Sie sanft Muskeln, die den Ausatem zügeln.

Warm-up. Cut ❷

Stimme ist hörbarer Ausatem.
Beobachten Sie – hüftbreit stehend – für eine Weile den Rhythmus Ihres Atems. Ohne Absicht, ohne ein Ziel, ohne ihn beeinflussen zu wollen. Die Atmung ist die Basis für Singen, Sprechen und Tönen.
Ihr Körper soll ganz leicht hin und her schwanken – wie ein Grashalm im Wind. Ein und Aus und Ein und Aus in Ihrem eigenen Rhythmus.
Nun lassen Sie den Atem hörbar ausströmen – auf »FFFFFFF«.
Legen Sie eine Hand auf den Oberbauch, die andere seitlich in die Taille, und beobachten Sie die Bewegung, beobachten Sie hier die Weitung Ihres Körpers.
In Ihrer Vorstellung geben Sie Ihrem Atem immer mehr Raum ... Verwenden Sie Ihre Hände jetzt dazu, verteilen Sie das »FFFFFF« mit immer größer werdenden, fließenden Handbewegungen im Raum.
Am Ende dieser Übung – noch das kurze Zwerchfell-Spezialtraining: Hände an die Flanke legen, unterhalb der letzten Rippe leicht nach innen drücken und kurz und heftig drei Kerzen ausblasen. FFF – FFF – FFF.

➲ Übung Nr. 3: Lockerung der Mundwerkzeuge

Jetzt kommen die eigentlichen Artikulationsorgane dran: Zunge, Kiefer, Lippen, Gaumensegel. Im lockeren Zustand fällt es leicht, deutlich zu artikulieren. Der Unterkiefer öffnet sich und die Zunge macht, was man von ihr verlangt. Gerade bei diesen Übungen sehen Sie nicht besonders intelligent aus. Es ist durchaus normal, wenn Sie sich anfangs merkwürdig vorkommen und zwischendurch lachen müssen.

Warm-up. 👂 *Cut* ❸

Deutlich ist besser als laut: Lockere Mundwerkzeuge können deutlicher artikulieren – Präzision schont Ihre Stimme.
Flattern Sie mit den Lippen, ähnlich wie das Schnauben eines Pferdes.
Flattern Sie jetzt mit Ihrer Zunge, schnelle Ein- und Auswärtsbewegungen.
Verschicken Sie jetzt auch noch Küsschen und machen Sie ein ganz spitzes Mündchen dabei.
Und zum Schluss noch einmal Lippenflattern.

➲ Übung Nr. 4: Öffnung des Rachen-Mund-Raumes

Diese Übung soll alle Höhlen im Kopf für die schwingende Luft öffnen. Damit entsteht im Rachen-Mund-Raum viel Weite. Die Lippen werden locker aufeinander gelegt, die Zunge liegt am Mundboden, das Kiefergelenk ist auch bei geschlossenen Lippen geöffnet.
Summen Sie ein »MMMM«. Schulen Sie Ihre Wahrnehmung für die Vibrationen vor allem im Kopfbereich. Sie können anfangs auch gern Ihre Hände dorthin legen, wo Sie die Vibrationen fühlen. Achten Sie auf die Nase, den Hinterkopf, die Partie unter den Augen, die Stirn.
Die Tonhöhen dieser Übung sind so gewählt, dass sie ein breites Spektrum anbieten. Außerdem kommt es nicht darauf an, dass Sie die Melodie mitsingen können, sondern dass Sie immer sensibler werden für Ihren Stimmklang. Wie entsteht er und wo? Ihre Tagesverfassung spielt bei dieser Übung besonders mit. Es kann sein, dass sich das Summen manchmal anfühlt wie ein Bienenschwarm in Ihrem Kopf. Vielleicht verschlägt es Ihnen sogar manchmal die Ohren. Das sind ungefährliche Erscheinungen, vor allem, wenn Sie auch die fortgeschrittene Gähn/Summ-Variante praktizieren.

Warm-up. 👂 *Cut* ❹

Summen für vollen Klang mit viel Resonanz.
Ob Sie die Töne treffen, ist nicht wirklich wichtig. Summen Sie zur Musik ein weiches lockeres »M«.
Das »M« soll auf Ihren Lippen kitzeln. Nehmen Sie die Vibrationen im Kopfbereich möglichst genau wahr.
Das Summen regeneriert Ihre Stimme und verstärkt Ihre Vibrationsempfindung.
Fortgeschrittene summen weiter und versuchen – bei nach wie vor geschlossenem Mund – beinahe zu Gähnen. Die Vibrationen im Kopf verstärken sich dadurch.

➲ Übung Nr. 5: Schonender Stimmeinsatz

Der Beginn der Tongebung ist ein heikler und subtiler Moment. Die Art, wie Ihre hauchdünnen Stimmbänder zum Anschwingen gebracht werden, soll nicht zu hart, aber auch nicht mit zu viel Lufthauch geschehen. Zum Erarbeiten des notwendigen Feingefühls für den elastischen Stimmeinsatz ist es hilfreich, Töne von einer relativ hohen Stimmlage in eine tiefe Stimmlage rutschen zu lassen. Gut geeignet ist das »U«. Formen Sie zuerst ein spitzes Mündchen und setzen Sie – für Ihre Stimmlage ohne Weiteres recht hoch – ganz vorsichtig und konzentriert den Ton an. Setzen Sie leise ein! Auf der CD hören Sie deutlich, wie es gemeint ist.

Warm-up. 👂 *Cut* ❺

Jeder Stimmeinsatz soll leicht sein. Wenig Luftdruck, aber viel Luftfluss.
Beginnen Sie in der relativ hohen Stimmlage leise und behutsam das »U«, und lassen Sie es tiefer sinken.
Achtung: der Kopf bleibt gerade. Sie können mit der Hand das »U« gleichsam von der Decke zum Fußboden ziehen.

Seien Sie am Beginn dieses »U« ganz leise und vorsichtig. Der Ton kommt mit ganz wenig Krafteinsatz, lassen Sie ihn aus sich herausfallen.
Der stimmschonende Einsatz will aufmerksam trainiert sein, damit er ökonomisch funktioniert.

➲ Übung Nr. 6: Flexible Artikulation

Nun schon ziemlich »warm«, machen Sie mit höherem Tempo und mehr Stimmbeteiligung weiter – mit »Blapp«. Im Rhythmus der Musik oder wie es Ihnen gefällt. Worauf achten Sie besonders? Vor dem »-pp« ist Ihr Mund mit Luft gefüllt, richtige Hamsterbacken aus Luft. Nach dem »-pp« am Schluss lösen Sie präzise die Lippenspannung, der Unterkiefer fällt locker hinunter, der Mund ist also vor dem nächsten »Blapp« Bruchteile von Sekunden geöffnet. Ihr Körper spielt mit. Sie verteilen mit den Händen die »Blapps« an imaginäre HörerInnen.

Warm-up. Cut ❻

Stimmgebung kombiniert Lockerheit mit Flexibilität. Blapp, Blapp, Blapp.
Etwas höheres Tempo jetzt und mehr Stimmbeteiligung. Blapp, Blapp, Blapp.
Und verteilen Sie die Blapps mit den Händen ans Publikum. Blapp, Blapp, Blapp.

➲ Übung Nr. 7: Ohne Druck zu mehr Lautstärke

Jetzt darf es bereits Zimmerlautstärke sein. Wir erzeugen Lautstärke ökonomisch mit viel Weite im Ansatzrohr. Rachen und Mundraum werden groß und weit. Sie üben mit anschwellenden Tönen. Damit erleben Sie, dass der Wechsel von leise zu laut ganz wenig Kraft und kaum Druck braucht. Wieder fördert der Einsatz einer entsprechenden Handbewegung den Ablauf der Übung. Die Hände wer-

den auf Taillenhöhe mit offener Handfläche nach vorne in den Raum geführt, dabei gestalten Sie den Ton lauter. Wenn die Hände zurückkommen, werden Sie leiser.
»wwwwwwww«: bei der Bildung berühren die oberen Schneidezähne die untere Lippe auf der Innenseite. Das Vibrieren ist deutlich spürbar.
»sssssssssssss« und »schschschsch«: etwa wie lästiges Fliegensummen (stimmhafte Laute).

Warm-up. ⦾ *Cut* ❼

Jetzt dürfen Sie bereits raumfüllend sein. Nicht mit Druck laut werden, sondern mit mehr Luftfluss bei mehr Weite:
»wwwwwwww« – »sssssssssssss« – »schschschsch«
Wechseln Sie ab.
Die Bewegung Ihrer Hände soll das Anschwellen der Töne von leise zu laut unterstützen.

➲ Übung Nr. 8: Ihre seelisch-geistige Haltung

Stimme ist eine Äußerung des Menschen. Zu gutem stimmlichen Ausdruck gehört es auch, dass Sie Ihre Extrovertiertheit üben. Heraus muss die Stimme. Zu einem Kommunikationspartner muss die Stimme. Die Absicht, der Gedanke »Ich will mich äußern, ich will jemanden erreichen« soll jede Ihrer Sprechsituationen begleiten. Oft ist aber dieses Sich-nach-außen-Wenden, das Sich-Zeigen ein untrainiertes und vernachlässigtes Thema der Stimmarbeit. Auch wenn Sie sich grundsätzlich für eher introvertiert halten, ist es empfehlenswert, sich mental einzustellen, dass Sie sich beim Sprechen eben nach außen wenden müssen. Natürlich nur, wenn Sie wirklich ein ECHO auslösen wollen ...
Die letzte Aufwärm-Übung lädt Sie auch ein, Ihre stimmliche Kreativität Schritt für Schritt zu entdecken und zu entfalten. Lassen Sie sich von der Musik anregen. Es gibt

hier kein Richtig oder Falsch. Einmal am Tag ist es gut, den Star in Ihnen herauszukehren. Stellen Sie sich vor, Sie sind ein hoch bezahlter Vokalist oder eine Sängerin. Ein Künstler also, der mit »Schubidu« und »Dabadamm« viel Geld verdient. Sie proben gerade für den nächsten großen Auftritt.
Probieren Sie jeden Laut aus, der Ihnen stimmlich zusagt. In Ihrer Verantwortung liegt es lediglich, dass Sie **sofort stoppen** bei jeder Art von Missempfindung.

Warm-up. *Cut* ❽

Ihre Stimme kommt von innen. Sie will und muss aber nach außen.
Stimme und Extrovertiertheit gehören zusammen.
Fördern wir diese mit der Schlussübung.
Das ist die Musik, die Ihnen zur Verfügung steht, lassen Sie sich animieren, wippen Sie mit Ihrem Körper im Rhythmus und experimentieren Sie mit jedem Laut, der Ihnen gerade einfällt. Probieren Sie auch verschiedene Tonlagen aus – so lange Sie heute Zeit und Lust haben.

➲ Übung Nr. 9: Präsenzhaltung

Zum guten Abschluss der Aufwärmrunde ...

Warm-up. *Cut* ❾

Am Ende dieser Übung richten Sie Ihren Körper einmal in die Präsenzhaltung *auf. Jede Fußsohle einmal auf den Boden stampfen –, kurzes Knieschlottern, Becken und Hüfte ausschütteln, in Taillenhöhe Hände reiben, Faust ballen, jetzt die Finger durchstrecken. Das Brustbein aufrichten, strahlendes Lächeln ins Gesicht – Blick nach außen öffnen, die Arme ausbreiten, als ob Sie die Welt umarmen wollen. Eine Sekunde stehen bleiben – und genießen, dass Sie ganz präsent sind.*

Hinweis: Die Aufwärmübungen lassen sich selbstverständlich auch als effizientes Einsteigerprogramm ins Stimmtraining anwenden. Führen Sie es zwei- bis dreimal wöchentlich für die Dauer von drei Monaten durch. Schritt für Schritt wird sich Ihre Stimme entwickeln.

Die schwierigen Passagen Ihrer Wortmeldung gehen Sie als Profi nicht nur »im Geiste«, sondern tatsächlich **laut** einige Male vorher oder an den Vortagen durch. Begrüßung, Schlusssatz, problematische Übergänge, genau gesetzte Pointen – die müssen Sie selbst von sich ein paarmal laut gehört haben. Auf zu erwartende Gegenargumente sprechen Sie Ihre möglichen Antworten aus. Sie müssen zehnmal laut gesagt haben »Ab nächster Woche möchte ich 50 Euro mehr in der Woche auf dem Konto, Herr Direktor«, damit Sie in der Situation dann höchstens vor seiner Reaktion erschrecken, aber nicht vor Ihrer eigenen Stimme!

3. Atmung

Atem ist Leben.

fernöstliche Weisheit

3.1 Ruheatmung

Sprechen ist eine Spezialfunktion unseres Atems. Sprechen ist keine Dauerfunktion, wie z. B. der Herzschlag. Sprechen und Stimmgebung sind **Leistungs**funktionen unserer Atmung. Das bedeutet, dass Sie diese Leistung durch Training **erhöhen** und verbessern können. Was wissen Sie über richtiges Atmen? Vielleicht haben Sie den einen oder anderen Begriff schon gehört: Bauchatmung, Flankenatmung, Zwerchfellatmung, Hochatmung, Tiefatmung, Normalatmung, Stressatmung ... Die gute Nachricht vorneweg. So wie Sie derzeit atmen, atmen Sie richtig. Sie atmen lebenserhaltend. Wäre es anders, könnten Sie diese Zeilen nicht lesen. Jeder Mensch hat das Zwerchfell zur Verfügung, unseren Hauptatmungs-Muskel. Der tut seine Arbeit. Ob Sie wollen oder nicht, ob es Ihnen bewusst ist oder unbewusst abläuft. Auch dann, wenn Sie schlafen oder ohnmächtig sind.

Nun die weniger gute Nachricht: Der Atemrhythmus ist störungsanfällig. Nicht in jeder Lebenslage fließt der Atem ökonomisch und effizient ruhig dahin. Sie haben es sicher schon beobachtet. Die geringste Aufregung, jede nervliche Anspannung, Angst, Leistungsdruck, gespannte Aufmerksamkeit, alles was uns aus dem Rhythmus bringt, kann den regelmäßigen ruhigen Atemrhythmus empfindlich stören. Gerade bei Sprechbeginn, wenn das Lampenfieber hell auflodert, ist die Gefahr unkontrollierter Atmung groß. Es ist eine merkwürdige Tatsache, dass Menschen, sobald sie vor Publikum stehen, scheinbar die natürliche Fähigkeit, ökonomisch zu atmen, verlieren. Die Fehler, die daraus resultieren, sind hörbar und für die Zuhörer oft extrem irritierend: überhastete Atmung, laute und keuchende Ein-Atmung, nach Luft schnappen, Schnauben, zu schnelles Sprechtempo, weil die Luft knapp wird, Hecheln ...

Nun geschieht Atmung als einzige der lebenserhaltenden Körperfunktionen auch willkürlich. Das heißt, sie ist durch Ihr Wollen beeinflussbar und steuerbar. Den ruhigen Atemfluss können Sie jederzeit herbeiführen. Wenn Sie das können. Und trainiert haben, was zu trainieren ist.

Jede Art von Sprecherziehung oder Stimmbildung beginnt daher fast immer mit einer Korrektur bzw. Ökonomisierung der Atemfunktion. Entsprechende Übungen sorgen dafür, dass Sie ein gutes Gefühl, ein erlebtes Bewusstsein für Ihren Atem entwickeln und dass Sie selbstverständlich dafür sorgen, den Atem regelmäßig und fließend geschehen zu lassen, gleichsam »wie im Schlaf«.

Es geht darum, dass Sie auf Ihrem eigenen Atemstrom ausdauernd, mühelos, kräftig und entsprechend laut und deutlich sprechen können. Es geht nicht darum, besonders viel Luft zu haben, sondern die zur Verfügung stehende Luft effizient einzusetzen. Deswegen spielt z. B. das persönliche Luftvolumen keine übermäßige Rolle fürs ökonomische Sprechen.

Übungen zum Atem Kennenlernen (im Liegen ausführen):

➲ Legen Sie einen Buchstapel eine Handbreit unter Ihren Bauchnabel. Wenn Sie in diesem Bereich locker und entspannt sind, heben Sie beim Einatmen den Stapel nach oben, beim Ausatmen sinken die Bücher ab.
Auf dem Rücken liegend Augen schließen. Die Beine im rechten Winkel auf einem Sessel hochlagern. Mit den Händen leichten Druck auf den unteren Rippenbogen bringen. Gleichmäßig ein- und ausatmen. Am tiefsten und am höchsten Stand des Zwerchfells gibt es einen Verweilpunkt, an dem sich der gesamte Körper völlig entspannen kann.

Wenn Sie diese Übung täglich fünf bis zehn Minuten als Training durchführen, gilt sie als Heilatmung nach AAP-Trainerin Gabi Bernauer. Es dehnt sich nicht nur der Bauchraum aus, der untere Rücken wird in die Länge gedehnt und die Flanken werden beatmet. Vorher ein Glas Wasser trinken. Bei Kopfschmerz oder Herzrasen sofort aufhören, aber am nächsten Tag weiter machen.

➲ In der Bauchlage Gesicht auf eine Seite legen und Arme seitlich am Körper liegen lassen. Atem beobachten. Auch hier ist das Ziel ein aktives Loslassen. Tiefen Atem können Sie nicht »machen«, aber im Liegen leichter geschehen lassen. In der Bauchlage sind die Atembewegungen meist deutlicher zu spüren.

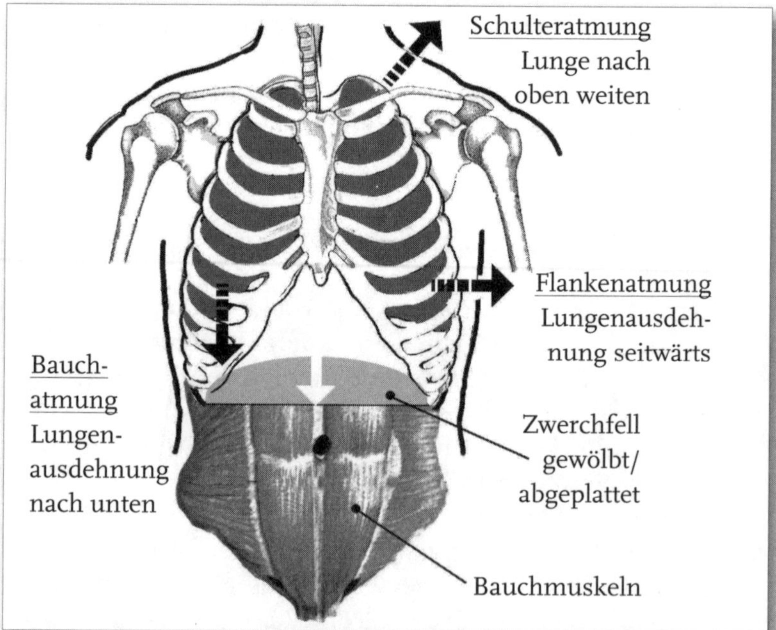

Abbildung 3: Die Atmung – Schema

Es ist allgemein erfreulich, zu beobachten, dass die Bewusstheit für die Atmung in weiten Kreisen stark zugenommen hat. Alle Kurse, die Sie dabei unterstützen, ein gutes Gefühl für Ihren Atem zu bekommen, sind zu empfehlen: Yoga, Autogenes Training, Meditatives Atmen, Atemtherapiemethoden z. B. nach Ilse Middendorf, nach Schlaffhorst-Andersen, die Bipolare Atmung nach Hagena usw. Sie sollen sich nur bewusst sein, dass Sie damit Ihren **Ruheatem** schulen. Das ist sozusagen die Grundstufe, die Basiserfahrung. Als Voraussetzung jeder Stimm-Arbeit wird ein erfahrener Trainer natürlich auch Ihren eigenen Ruheatem beobachten und analysieren. Ihre Persönlichkeit zeigt sich in den Atemmustern, im Umgang mit dem lebenserhaltenden Luftaustausch. Er hat die Aufgabe, Sie aufmerksam zu machen auf mögliche Abläufe, die nicht optimal sind. Er wird individuelle Übungen vorschlagen, die Ihnen das Gefühl vermitteln, Ihren Atem steuern und führen zu können. Das Erleben von eigenem Atemraum und -rhythmus ist unabdingbar, um auf Dauer einen längeren Atem auch beim Sprechen zu bekommen. Beim Sprechen verhält sich die Geschichte nämlich etwas anders.

Sofortmaßnahme:

Ausatmen vor Sprechbeginn. In Sprechsituationen entsteht die Belastung – entgegen vielen Annahmen – oft durch ein Zuviel an Luft. »Hol tief Luft und dann fang an!« Der Rat ist weit verbreitet, aber grundsätzlich falsch. Atmen Sie besser fest aus, bevor Sie beginnen. Für die ersten drei Wörter haben Sie immer genügend Luft. Die Lungen sind nie wirklich ganz leer, sie würden sonst zusammenfallen. Stellen Sie sich vor, ich würde Sie hinterrücks ohne Ihr Wissen mit einer kleinen spitzen Nadel in den Allerwertesten pieksen. Könnten Sie unmittelbar »Au!« schreien oder müssten Sie vorher Luft holen?

Wir beginnen normalerweise gar nicht wirklich vollgefüllt zu sprechen, sondern aus der so genannten Atem-Mittellage. D. h. wenn noch etwa die Hälfte Ihrer gesamten Lungenfüllung vorhanden ist, beginnt **entspanntes** Sprechen.

Stimme ist also Luft. Die Materie der Stimme ist ausgeatmete Luft, sozusagen »Schlackenluft«! Wir haben es bei der Stimmgebung mit einem Bio-Recycling-System allerersten Ranges zu tun: aus einem Abfallprodukt angereichert mit Ausscheidungsstoffen (CO_2) produziert Mutter Natur unser Hauptkommunikationsinstrument!

Beim Einatmen flacht sich das nach oben gewölbte Zwerchfell ab, es kontrahiert nach unten. Damit schafft es der Lunge am unteren Ende Raum, sodass sie sich ausdehnen kann. Sehen Sie sich die Abbildung 3 an, dann erscheint es logisch, dass das Zwerchfell bei seiner Abwärtsbewegung unsere meterlangen Gedärme nach unten verdrängt. Diese haben wiederum nur einen möglichen Ausweichraum, nämlich den Unterbauch. Der wölbt sich also heraus, wir bekommen ein »Bäuchlein«. (Zum Rücken hin können die Eingeweide nicht ausweichen, da ist die Wirbelsäule). Bei den Übungen im Liegen können Sie diesen Ablauf mit einem Buchstapel auf dem Bauch leicht feststellen.

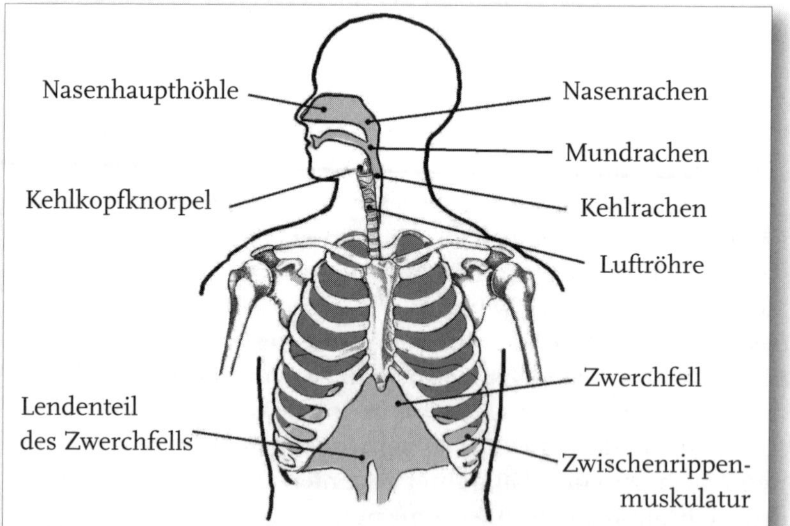

Abbildung 4: Die Lage des Zwerchfells

Hand aufs Herz: Das Schönheitsideal unserer Tage heißt leider Waschbrett-Bauch. Den gilt es zugunsten der effizienten Atmung über Bord zu werfen. Ihre Kleidung wählen Sie bitte nicht zu eng!

Wenn Sie nicht sprechen, in der Ruheatmung also, dann sind die Ein- und die Ausatemphase etwa gleich lang. In der Lunge befinden sich durchschnittlich 4 bis 6 Liter Luft, bei einem Ruheatemzug tauschen wir etwa einen halben Liter aus. Das Einatmen dauert mehrere Sekunden. Zwischen Aus und Ein gibt es streng genommen noch eine kleine Pause. Bei der Ruheatmung ist die aktive Phase, in der sich die Muskulatur des Zwerchfells aktiv verhält die EINatemphase, beim Ausatmen lässt die Muskulatur einfach los, fällt passiv zusammen, weil die Spannung nachlässt, die Lunge sich wieder zusammenzieht, die Luft entweicht.

Ein = aktiv, Aus = passiv.

Dieser Rhythmus und dieser Zeitverbrauch sind damit grundsätzlich fürs Sprechen NICHT gut zu gebrauchen! Erstens: Es ergäben sich viel zu lange Pausen, denn Sie können ja nur beim Ausatmen Wörter und Sätze sprechen, und während des folgenden Einatmens müssen Sie schweigen.

Zweitens: Die meisten ungeübten Redner bemühen sich, tief Luft zu holen, dann zu sprechen, so lange die Luft reicht (ohne darauf zu achten, ob die Atemholpause an dieser Stelle des Textes auch passend ist), dann möglichst rasch – und natürlich keuchend – die Luft einzusaugen (müssen doch 4–6 Liter aktiv mit Anstrengung geholt werden – und noch dazu über die Nase, ist ja gesünder ...), dann wieder zu sprechen (hoffentlich kommen Sie aus bis ans Ende Ihres Satzes ...). Sie merken schon, das hat nicht gerade etwas mit entspanntem Sprechen zu tun, sondern vielmehr mit der ständigen Frage und dem Bemühen, ob und wie lange die Luft reicht ...

Zur Wiederholung: Sprechen geschieht während des AUSatmens, und Ausatmen empfinden die meisten Menschen als Entspannung. Sprechen müsste deswegen eher entspannend sein, sonst läuft in der Ökonomie etwas verkehrt.

Und so paradox es klingt: Sprechen auf dem Ruheatemrhythmus bringt uns eher **aus** der Ruhe!

3.2 Sprechatmung

Während des Sprechens läuft in unserem Körper, wenn wir es zulassen können, ein Atemschema ab, das ich versuche, so bildlich wie möglich zu beschreiben:

Der Ausatem wird verlangsamt und kann ein Vielfaches der Einatem-Dauer erreichen (1:8). Dies geschieht durch die so genannte Inspiratorische Gegenspannung.

Wir mobilisieren im Körper eine Vielzahl von muskulären Gegenkräften, die dem Verströmen der Luft während des Sprechens oder Singens entgegenwirken. Ausatmen wird zu einem subjektiv aktiv erlebten Vorgang.

Fürs Erste: eine körperlich-seelisch-geistige Haltung der Bereitschaft der aufmerksamen Zuwendung zum Hörer trägt viel dazu bei, die benötigte Muskelspannung gleichmäßig, ohne Stress und Überspannung zu erhöhen. Eine aufreche Körperhaltung, zugewendete Gestik, inneres Lächeln, wahrnehmende Augen und Ohren gelten auch in der Kommunikation als Voraussetzungen für gelingende Informationsübertragung.

Für jene, die es von der Pike auf lernen wollen, muss hier der Name der »Gurus« fallen: Das Wiener Professoren-Duo Coblenzer und Muhar widmet sich den praktischen Übungen zum Sprech- und Stimm-Atem in ihrem Standard-Übungsbuch mit ebenso einfachen wie einleuchtenden Trainingsserien (siehe Literaturhinweise).

Die Ausatemphase erscheint aktiv, die Einatemphase erscheint passiv (unwillkürlich), das heißt, die Luft kommt von selbst! Wir können unserem Zwerchfell durch die Art und Weise, wie wir sprechen, gezielte Impulse geben, dann springt es automatisch, reflexhaft, in Bruchteilen von Sekunden vom gewölbten in den abgeflachten Zustand zurück.

Das Zwerchfell funktioniert etwa so wie die Autohupe von einem Oldtimer mit einem Gummiballon hinten dran. Wenn ich den Hupton haben will, muss die Luft hinaus (= Ausatmen) ... Gummiballon zusammendrücken (= Zwerchfell wölbt sich leicht, aus der Lunge entweicht Luft) ... Tuuuuuuuuut. Wenn ich einen weiteren Ton erzeugen will, muss ich lediglich den Ballon loslassen. Der saugt sich dann automatisch mit Luft voll, und zwar im Allgemeinen umso rascher, je elastischer der Ballon ist (= flexibles Zwerchfell springt in Einatemposition zurück). Ich muss keinesfalls aktiv Luft hineinblasen (= Luft aktiv selber holen!)

Und über einen solchen Mechanismus verfügen wir in unserem Körper beim Sprechen. Sind Sie neugierig, wie er sich in Gang setzen lässt?

Probieren Sie bitte Folgendes aus:

Aufrecht sitzen. Sitzknochen spüren, Hüfte beweglich, leicht nach vorne beugen. Die Finger legen Sie nicht zimperlich in Ihre Seite, dorthin, wo es unterhalb der untersten Rippe wieder weich wird. Blasen Sie jetzt etwa einen Meter vor sich drei Kerzen nacheinander aus: mit deutlicher Pause zwischen den einzelnen Blasestößen.
FFFFF------FFFFFF-----FFFFFF. Ganz energisch jedes einzelne FFFFFF.
Spüren Sie eine heftige Bewegung des Zwerchfells, dann ist es richtig. Bei jeder Kerze weiten sich die Flanken deutlich spürbar an den Seiten durch die Zwerchfellbewegung.

Wiederholen Sie die Übung und achten Sie auf Ihren Luftvorrat am Ende der drei Kerzen. Üblicherweise spüren Sie keinen Unterschied zu vorher. Wenn Sie – meist völlig automatisch und unbewusst – den Mund zwischen den Luftstößen OFFEN stehen ließen, haben Sie am Ende genauso viel Luft wie vorher. Die verbrauchte Luft wurde in den kurzen Pausen **automatisch ergänzt**.

Zwei Gegenproben:

A) Die Übung noch mal machen und bewusst den Mund zwischen den FFFFFFs geschlossen halten. Dabei können sie wahrnehmen, dass Ihnen am Ende die Luft fehlt, jetzt haben Sie den Drang, tief einzuatmen ...

B) Und beim letzten Mal: Holen Sie zwischen den FFFFF-FFFFFF-FFFFFF aktiv selber Luft. Sie empfinden das unnütz und weniger rhythmisch als den allerersten Versuch.

Das Zurückfedern des Zwerchfells, eine reflektorische Abwärtsbewegung, hat etwas mit diesem FFFFF-FFFFFF-FFFFFF zu tun. Bei einer deutlichen, federnden Aussprache der Buchstaben/ Laute entsteht im Mundbereich eine Muskelspannung (Artikulationsspannung). Wenn wir diese lösen, entweicht ein winzig kleines bisschen Luft. Das führt zu einem Druckabfall im Brustraum. Das Zwerchfell reagiert auf diesen Unterdruck zum Schutz der Lunge mit seinem Entdehnungsreflex. Dieser Vorgang ließe sich nur mit Ultraschall oder Röntgenschirm beweisen, denn er funktioniert blitzschnell, völlig unhörbar für den Zuhörer. Könner ergänzen mit diesem Mechanismus in 0,2 Sekunden bis zu 300 Milliliter Luft! Die Einsicht liegt nahe, dass SprecherInnen mit lauter, schnappender, keuchender Einatmung von ihrem Zwerchfellreflex nichts wissen. Zischende Einatmung muss nicht sein. Darf nicht sein! Sie bringt uns aus dem Atem-, und damit aus dem Sprechrhythmus. Und sie schadet dem Stimmklang. Leider ist das Wissen um das »Abspannen« auch in professionellen Sprecher-, Schauspieler- und Sängerkreisen häufig nicht bekannt. Und man kann auch mit »Luftschnappen« Karriere machen. Aber wenn man einmal das Prinzip verstanden hat, ist das fast wie eine Offenbarung und man fragt sich, wie man ohne ausgekommen ist.

Anregung: Hören Sie sich SängerInnen aus den unterschiedlichsten Gattungen an, Sie werden immer wieder auf einige stoßen, die scheinbar »nicht atmen«. Edith Piaf zum Beispiel, oder Eartha Kitt, oder Georges Moustaki. Unhörbares Atemergänzen! Das ist Ökonomie.

Daraus folgen für das Training des »Abspannens« oder der »automatischen Luftergänzung« fürs erste zwei Empfehlungen/Übungen:

1) Der Mund muss grundsätzlich am Ende eines Wortes wieder offen stehen, d. h. der Kiefer wird nach dem letzten Buchstaben gelöst, die Lippenspannung beendet. Die Zunge wird dabei locker an die unteren Schneidezähne gelegt. Die Lösung der Spannung ist der Impuls für die Einatem-Bewegung des Zwerchfells. Die geöffnete Kieferstellung sorgt dafür, dass die Luft wieder einströmen kann. Beim Sprechen bekommen wir durch die Nase nämlich NICHT genügend Luft, wir sind anatomisch so angelegt, dass wir uns beim Reden auch über den Mund versorgen müssen. Das ist in der Deutschen Sprache nicht immer leicht. Bei manchen Buchstaben am Ende eines Wortes neigen wir zum Mundschließen. Die Zunge bleibt oft am oberen Gaumen am Kontaktpunkt »kleben«: »Baum«, »Nennen«, »Kabel« ... und es bedeutet für viele Menschen eine große Herausforderung, nach ALLEN Buchstaben den Kiefer wieder hängen zu lassen, die Zunge zunächst wieder bewusst zu lösen. Dabei aber den Mund nicht aufreißen und die Augen geöffnet lassen. Das Gesicht sollte insgesamt lächelnd, aufmerksam sein, sonst wirken wir im Alltag nicht besonders anziehend mit offenem Mund!

Übung:
Nehmen Sie sich jeden Tag einen Satz, zerhacken Sie ihn Wort/für/Wort/.
Sprechen/Sie/ihn/laut/und/lassen/ganz/bewusst/nach/jedem/Wort/den/Kiefer/hängen/und/die/Zunge/fallen.
Nach manchen Buchstaben geht das gut, bei manchen kostet es Überwindung, das ist ein normales Empfinden. Sie geben damit dem Mund die Chance, die Luftversorgung zu optimieren.

2) Sprechen im Atemrhythmus, im Sprechatemrhythmus: Trennen Sie sich mental von der Vorstellung, in einem Atemzug möglichst weit zu kommen. Damit fallen Sie aus dem natürlichen Sprechrhythmus.

Übung:

Sprechen Sie den Text von »Hänschen klein ging allein« in Zimmerlautstärke. Holen Sie vor dem Start – ausnahmsweise bewusst falsch – ganz viel Luft und hören Sie sich an, wie weit Sie kommen. Wenn Sie viel Luft haben, einfach noch mal von vorne: Irgendwann geht Ihnen die Luft aus, die letzten Wörter knapp davor klingen gepresst, die Atempause kommt nicht dort, wo es Sinn macht, eine Pause zu setzen.

Zweiter Versuch: Folgen Sie dem Textrhythmus, und am Ende jeder Zeile lösen Sie präzise (siehe oben) die Lippen- und Kieferspannung (= öffnen). Die Zunge lassen Sie vom Kontaktpunkt am oberen Gaumen nach unten fallen.

Hänschen klei**n**
Ging allei**n**
In die weite Welt hinei**n**
Stock und Hu**t**
Steht ihm gu**t**
Ist gar wohlgemu**t**

Vermutlich haben Sie jetzt kein Problem mit dem Atmen? Im Gegenteil, Ihr Sprechen ist gegliedert, mit Pausen versehen, damit leichter verständlich.

Auch in Ihrer Alltagssprache und natürlich bei Vorträgen und Präsentationen ist der Zwerchfellreflex eine natürliche Gliederungsmaßnahme. Er sorgt für Pausen. 0,2 Sekunden lange Pausen. Die sind für die Zuhörer hilfreich, um das Angebotene zu verarbeiten, und Sie kommen zu Luft. Schon jede Begrüßung hat einen eigenen Sprachrhythmus.

»Schönengutenabendmeinedamenundherrenichfreuemichdass Sieheutegekommensind.« So ein Wortschwall wirkt ziemlich unverständlich. Der Sprecher hat wenig Interesse, dass er verstanden wird, in erster Linie versucht er/sie vermutlich gerade, mit der Luft auszukommen.

> Richtig: Schönen guten Abend // meine Damen und Herren // Ich freue mich sehr // dass Sie heute abend gekommen sind //.

Wenn Sie Ihr Zwerchfell mitspielen lassen, erübrigt sich der Gedanke an die Luftversorgung beim Reden über kurz oder lang. Für die meisten von Ihnen wird das konkret heißen: Stellen Sie Ihre Redeweise von langen Schachtelsätzen um in eine Aneinanderreihung von sinnerfassenden Einheiten (Informationsinseln) und setzen Sie öfter eine Pause. Dabei sollen Sie die Sprechspannung beibehalten (siehe Kapitel IV.1).

Fürchten Sie sich nicht davor, lassen Sie sich immer wieder wissen: Sie sollen in der Pause Ihre Mundspannung lösen, das dauert nur 0,2 Sekunden. Der Kontakt zum Zuhörer bleibt Ihnen erhalten.

3.3 Spezialtraining für das Zwerchfell/Lach-Yoga

Die Zwerchfellatmung ist lebensverlängernd.

Lao-Tse

Für die Sprechwerkzeuge gibt es leider kein Fitnessstudio wie für die Ganzkörpermuskulatur. Alle Übungen muss man ohne Trainingsgeräte durchführen. Deswegen bemühe ich mich als Stimmtrainerin seit vielen Jahren darum, möglichst abwechslungsreiche Übungen zu konzipieren. Vor allem auch solche, die sich im Alltag leicht anwenden lassen. Ideal sind auch Kombinationen mit anderen Bereichen, wie z. B. Tai-Chi, Joggen, Singen, Yoga etc. Im Zusammenhang mit meiner eigenen stetigen Weiterbildung kam ich erst vor kurzem auf Lach-Yoga, eine Ausformung des Yoga, die hierzulande noch nicht so bekannt ist und eine beeindruckende Bereicherung für das Stimmtraining bietet. Denn: Lachen und Sprechen haben als Schnittstelle das Zwerchfell.

Nachdem Stimme mit unserer Atmung untrennbar verbunden ist, kommt kein Sprechschüler ohne Atemtraining aus, dem im Yoga bekanntlich große Aufmerksamket geschenkt wird. Immer im Auge behalten muss man die biologische Priorität: Atem geht vor Sprechen, Atmen ist wichtiger als Sprechen. Stimme muss dem Atem »untergeordnet« bleiben, sich dem Atem anpassen. Das Zwerchfell ist die einzige Atemmuskulatur, die **mit der Schwerkraft** arbeitet (Schulter hochziehen und auch Brustkorb ausdehnen arbeiten mehr oder weniger gegen die Schwerkraft). Deswegen ist Zwerchfellatmung am ökonomischschsten.

Ein paar Fakten zum Thema Lachen:
Die Gelotologie ist die Wissenschaft vom Lachen, und die gibt es als anerkannte Wissenschaft seit den 60er Jahren. Berühmte Wissenschaftler aus Psychologie, Psychiatrie und Sozialwissenschaften wie Paul Watzlawick, William Fry, Gregory Bateson, Michael Titze, Peter Derks, Peter Hain und Christof Eschenröder beschäftigten sich mit den Auswirkungen des Lachens. Mittlerweile sind die positiven Effekte für Körper und Psyche unbestritten. Nicht nur, dass sich unsere Stimmung hebt, kann man beim Lachen außerdem Folgendes nachweisen:

- Sauerstoffversorgung des Gehirns steigt
- Glückshormone und schmerzstillende Substanzen werden freigesetzt
- besserer Schlaf durch verminderte Produktion der Stresshormone Adrenalin und Cortisol
- Anregung der Verdauung, weil das Zwerchfell den Magen-Darm-Bereich anregt

* kurzfristiger Anstieg des Blutdrucks
* Aktivierung von Botenstoffen (Gamma-Interferon)
* Stärkung der Immunabwehr
* Entspannung der Gesichtsmuskeln
* lockern von Gedankenmustern

Dr. Hunter »Patch« Adams entdeckte schon 1971, dass Patienten schneller gesund werden, wenn sie öfter lachen. Er gründete das erste Humor-Krankenhaus. Nach seinen Methoden arbeiten heute weltweit z. B. die Clinic-Clowns oder die Roten Nasen. Der Wissenschaftsjournalist Norman Cousins konzipierte für sich selbst eine Lachtherapie. Obwohl die Ärzte ihn aufgegeben hatten, konnte er eine chronische Entzündung der Wirbelsäule so selbst heilen.

Lach-Yoga nach Dr. Madan Kataria:
Der indische Arzt Dr. Madan Kataria gründete in Mumbai den ersten Lachclub, weil er fasziniert von der Heilwirkung des Lachens war. Allerdings gingen dem Lachclub nach einer Startphase von vierzehn Tagen die Witze aus. Für Kataria war das der Punkt, sich tiefer mit der Materie zu befassen. Er sinnierte darüber nach, warum Kinder ungefähr vierhundert Mal am Tag lachen, Erwachsene durchschnittlich nur mehr fünfzehn Mal. Wir lachen außerdem heute drei Mal weniger als vor vierzig Jahren. Seine These und seine Erfahrungen sind bahnbrechend. Der Mensch braucht fürs Lachen keinen Grund. Das menschliche Wesen lacht nicht, weil es glücklich ist. Es ist glücklich, weil es lacht. Humor ist eine Frage des Intellekts. Ob wir über Mr. Bean oder Stan Laurel und Oliver Hardy lachen, ist unter anderem eine Frage der Erziehung. Wir haben gelernt, was wir witzig finden dürfen und was nicht.

Für das Auslösen der verstärkten Zwerchfellaktivität brauchen wir weder Witze noch komödiantisches Talent und auch keinen Sinn für Humor. Auch ein zunächst künstliches Lachen verselbständigt sich nach kurzer Zeit automatisch zu einem echten Lachen. Unser Körper kann das künstliche vom echten Lachen nicht unterscheiden. Die Wirkungen auf Körper und Psyche treten in beiden Fällen ein.

Kataria kombinierte daraufhin Übungen aus dem Atem-Yoga (Pranayama-Yoga) mit Dehn- und Streckübungen, um damit Lachen auszulösen: Laugh without a reason!

Neben den heilenden Kräften des Lachens ist Lach-Yoga eine Bereicherung für jeden Sprechschüler. Die erhöhte Zwerchfellaktivität, die das Lachen mit sich bringt, beeinflusst die Stimmentwicklung außerordentlich. Nach einer Woche Lach-Yoga-Workshop hatten ausnahmslos alle 25 Teilnehmer Stimmvolumen, Resonanzreichtum, Lautstärke und Stimmpräsenz gewonnen. An mir selber stellte mein Gesangslehrer, trotz mehrwöchiger Pause, eine stimmliche Weiterentwicklung fest. Natürlich überraschte ihn meine Antwort, dass ich nicht Singen, sondern Lachen trainiert hätte. Lach-Yoga-Module im Sprechunterricht fördern zusätzlich die Extrovertiertheit, die ein Sprecher braucht.

Einstiegsübung:

Lachen Sie täglich eine Minute unter der Dusche. Auch wenn Sie sich am Anfang merkwürdig vorkommen, lachen Sie künstlich.

Eine der wirksamsten Zwerchfellübungen, die auch im Lach-Yoga eingesetzt wird, ist das Ausatmen über so genannte »Nasen-Strokes«. Sie optimieren die Beweglichkeit des Zwerchfells und seine Koordinationsfähigkeit. Sie entwickeln außerdem ein gutes Gefühl für die Sprechpausen und das so genannte Abspannen (vergleichbar einer Oldtimer-Autohupe).

Übung:

Vor Beginn der Übung schnäuzen, aufrecht sitzen oder stehen, dann stoßen Sie den Atem kurz und heftig durch die

Nase aus, bei geschlossenem Mund. Die Betonung liegt auf kurz und heftig. Wirklich »ausschnauben«. Sie spüren gleichzeitig eine heftige Bewegung in der Körpermitte – das Zwerchfell federt auf und ab. Diese Nasen-Strokes machen Sie rhythmisch 15 bis 20 Mal. Dazwischen muss die Pause so lang sein, bis Sie sich entspannt fühlen und das Zwerchfell/die Bauchdecke wieder ganz locker ist. Das dauert erfahrungsgemäß mindestens 0,2 Sekunden oder so lange wie einmal schnipsen mit den Fingern (siehe Kapitel IV.1 zur Pause).
Im Alltag empfiehlt sich diese Übung während einer roten Ampelphase, wenn Sie unterwegs sind. 4 x 15 Nasen-Strokes täglich für die Dauer von vier Wochen stärkt den Allgemeinzustand Ihres Zwerchfells merklich. Dann reicht normalerweise eine »Erhaltungsdosis« von 1 x 15 Strokes täglich.

Das gesamte Lach-Yoga-Atemtraining umfasst weitere vier wirkungsvolle Übungen. Diese sind zu finden unter *www.laughteryoga.com.* Vielleicht ist es auch für Sie eine gute Möglichkeit, ein besseres Gefühl für Ihren Atem zu bekommen. Eventuell schließen Sie sich sogar einem der mittlerweile 5000 weltweiten Lachclubs an.

Eine ganzheitliche Betrachtungsweise bringt das Zwerchfell auch noch mit der **»Mitte« des Menschen** in Zusammenhang. Das Zwerchfell ist unsere körperliche Mitte. Gesundes Sprechen kommt demzufolge im Idealfall aus unserer »Mitte«.

Im antiken Griechenland galt das Zwerchfell als Sitz der Seele. Es ist in jedem Fall der Sitz von den emotionalen Befindlichkeiten Lachen und Weinen. Wenn die Bewegung des Zwerchfells ungehindert funktioniert, dann ist der Mensch meist auch frei, herzhaft zu lachen und herzzerreißend zu weinen.

Auch im Hinblick auf Ihre Rolle als SprecherIn: Witze erzählen, Pointen setzen und die Lacher auf seiner Seite haben. Das gelingt Menschen mit beweglichem Zwerchfell besser.

Ein weiteres Zwerchfell-Thema ist die Angst, sich lächerlich zu machen. Wer über sich selber lachen kann, verliert diese Angst. Er kann es auch aushalten, dass das Publikum lachend reagiert. Erst diese Fähigkeit verleiht die Sicherheit, seriöse Inhalte gelegentlich witzig zu verpacken oder eigene Fehler mit einem Lächeln zu quittieren.

Ein guter Redner soll seine Zuhörer etwas lehren, zu etwas bewegen und erfreuen (docere, movere et delectare).

3.4 Positive Nebeneffekte des Atemtrainings

Das alles sollten Sie sich auch nicht entgehen lassen:

- Erhöhte Sauerstoffzufuhr erfrischt besser als Kaffee, da der Sauerstoff in alle Zellen gebracht wird. Praktizieren Sie intensive Atemübungen nicht am späten Abend, es könnte sein, dass Sie unfreiwillig eine Nacht durchwachen. Atmen lädt auf.
- Atmen entspannt. Atempause statt Rauchpause (Raucher mögen einmal schildern, wie sich der Rauch eines Zuges in ihrem Körper ausbreitet – das kann Luft auch ganz ohne Nikotin).
- Atmen erhöht den Energieverbrauch. Wer gut atmet, setzt weniger Schlacken an. Ein Ofen, der gut zieht, brennt besser. Der Mehrverbrauch liegt bei ca. 100 Kalorien/Monat.
- Atmen bringt den Kreislauf in Schwung. Morgenmuffel stehen anders auf.
- Wenn wir im Stress sind, schüttet der Körper vermehrt giftige Stoffwechselprodukte ins Blut aus. Der pH-Wert des Blutes kippt in den sauren Bereich (wir sind im wahrsten Sinne des Wortes »sauer«). Sauerstoff bindet diese Stoffwechselprodukte, sie werden über die Lunge vermehrt ausgeschieden: Atem trägt so zum Frustrationsabbau bei, hilft uns, wieder einen »kühlen« Kopf zu kriegen.

* Atem erhöht im Körper die Calciumausscheidung. Calcium wirkt wie ein körpereigenes Nervenberuhigungsmittel.
* Atem belebt und lässt uns erfahren, dass Kopf und Körper zusammengehören.
* Atem fördert die innerliche Beweglichkeit und aktiviert damit den Wortschatz. Wir können nur so sprechen, wie wir uns bewegen. Ein steifer Mensch wird selten eine flexible, abwechslungsreiche Sprechweise haben!
* Atem ist eine immerwährende Energiequelle, die uns mit allen Lebewesen verbindet!
* Atmen hilft bei emotionaler Erregung. Zehn Atemzüge später ist der Zorn meist schon »verraucht«, sagt der Volksmund. Das hat etwas mit Atmen zu tun.

Im Atemholen sind zweierlei Gnaden:
Die Luft einziehen, sich ihrer entladen;
Jenes bedrängt, dieses erfrischt;
So wunderbar ist das Leben gemischt.
Du danke Gott, wenn er dich presst,
Und dank ihm, wenn er dich wieder entlässt.

Johann Wolfgang von Goethe

Den kleinen Irrtum wollen wir Goethe gerne nachsehen: Die Tiefatmung gibt Ihnen hoffentlich das angenehme, richtige Gefühl der inneren Weite!

4. Der Kehlkopf: Stimmbänder, Stimmritze, Muskulatur, Schleimhäute

Ein guter Redner muss achten, dass er gut spricht.

Kurt Tucholsky

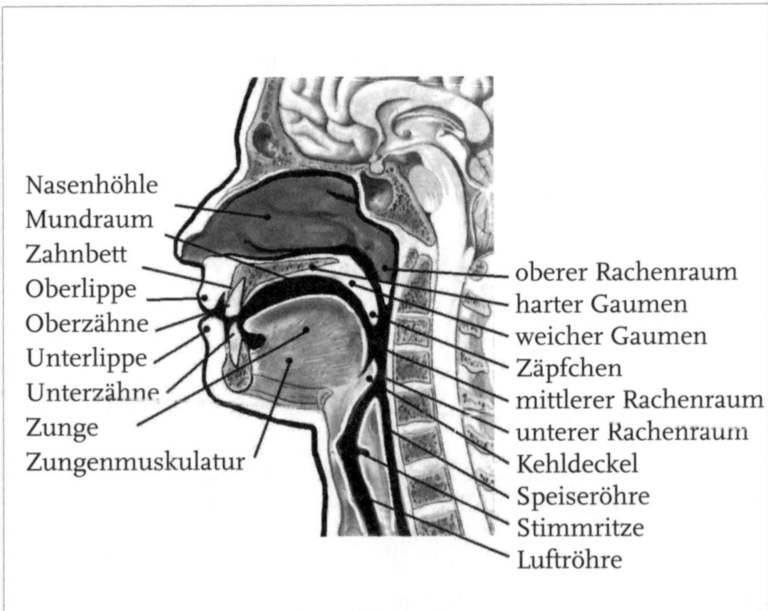

Abbildung 5: Der Kehlkopf – Schema

Der Kehlkopf ist für die Tonerzeugung das grundlegende Organ. Anatomisch ist er ein modifiziertes Element am oberen Ende der Luftröhre. Er besteht aus mehreren Knorpeln, verbunden durch

Bänder und Membranen, und einer großen Anzahl von Muskeln (fast 60 Muskeln und Muskelgruppen). Die feinste ist die Stimmlippenmuskulatur, die zopfartig angeordnet ist. Sie ermöglicht die Feinspannung der Stimmlippen bei der Tonproduktion.

Zur Erzeugung von Tönen macht sich der Kehlkopf das Prinzip der Orgelpfeife zunutze: Die Stimmritze wird durch Luft aus den Lungen in Schwingung versetzt. Die elastischen Ränder dieser Stimmritze (die Stimmbänder) werden von den Muskeln des Kehlkopfes kontrolliert. Das Zusammenspiel der Stimmbänder mit ausgestoßener Luft bestimmt die Intensität und die Höhe des erzeugten Tones. Die vibrierende Luft steigt durch die Resonanzkammern des Mundes und der Nase auf und bekommt durch Zunge, Gaumen, Lippen und Zähne eine Klangform (A, E, I, O, U, F, P, T, K ...).

Physikalisch gesehen ist der Kehlkopf ein Ultra-Hochleistungsgenerator. Er kann seine Leistung auf Dauer nur mit einer äußerst ökonomischen Arbeitsleistung der Stimmbänder erbringen. In einer Lesezeit von durchgehend 30 Minuten berühren sich die Stimmbänder bei einer mittelhohen weiblichen Sprecherin (200 Hertz) durchschnittlich 400.000 Mal. Eine Sopran-Arie von drei Minuten reiner Singzeit bedeutet etwa 150.000 Berührungen der Stimmbandkanten (Stimmritze öffnet und schließt sich permanent). Entstehen im Ablauf des Schwingungszyklus auch nur kleine Fehler, so potenzieren sich diese aufgrund der hohen Zahl der Schwingung. Heiserkeit zum Beispiel entsteht durch Schwingungsunregelmäßigkeiten.

Greifen Sie selbst einmal mit beiden Händen an Ihren Kehlkopf. Schlucken Sie. Sie werden bemerken, wie er sich bewegt. Wenn Sie ein paar Worte sprechen, spüren Sie die Vibrationen. Wenn Sie auch nur ein kleines bisschen Druck geben, nehmen Sie wahr, dass es sich beim Kehlkopf um eine hochempfindliche Stelle Ihres Körpers handelt. Und auch eine enorm wichtige: der Hals verbindet Ihren Körper mit der Schaltzentrale.

Was der Kehlkopf braucht, ist leicht zu merken: Feuchtigkeit und Sensibilität:

1. **Feuchtigkeit:**

Die optimale Funktion des gesamten Sprechapparates – von der Lunge bis zur Mundhöhle – ist an einen ausbalancierten Feuchtigkeitsstatus gebunden. Innerlich und äußerlich: Achten Sie auf genügend Flüssigkeitszufuhr (mindestens 2 1/2 Liter täglich). Die empfindlichen Stimmbänder sind mit Schleimhaut überzogen. Die Schleimdrüsen des Kehlkopfes produzieren nur dann dünnflüssiges Sekret, wenn Sie Ihrem Körper genügend Flüssigkeit zuführen. Austrocknung bremst den Schwingungsablauf. Wenn das »Schmiermittel« fehlt, ist oft Überlastung die Folge.
Eine weit verbreitete Lampenfieber-Erscheinung ist der »trockene Mund«. Das gesamte Ansatzrohr fühlt sich ausgetrocknet an. Im Stress stellt der Körper die innersekretorische Schleimproduktion ein. »Da bleibt einem die Spucke weg.« Mit genügend Flüssigkeitszufuhr steuern Sie dem entgegen.
Folgende Maßnahmen können Sie setzen:

Für ausreichend Flüssigkeit von innen:

- Wenig Kaffee, Tee, Cola, Schokolade: Koffeinhaltige Substanzen trocknen aus.
- Manche Medikamente haben Austrocknung als Nebenwirkung: Antihistamine, Abmagerungspillen, Kortison, Rheumamittel, Antidepressiva usw.
- Bestimmte Gewürze sparsam dosieren, z. B. Pfeffer, Paprika, Curry, Salz.
- So Sie überhaupt noch Raucher sind: ein Minimum an Zigaretten, vor allem in sprechintensiven Situationen. Nach nur einer Zigarette braucht Ihr Körper mehrere Stunden, um einen optimalen Schleimhautzustand im Sprechapparat wiederherzustellen.

Für ausreichend Flüssigkeit von außen:

- ✶ Sorgen Sie für genügend hohe Luftfeuchtigkeit. Thermometer/Hydrometer (Luftfeuchtigkeitsmesser) sind für den Stimmarbeiter kein Luxus: 50 bis 65 Prozent Luftfeuchtigkeit bei 20 bis 22 Grad sind optimal zum Sprechen.
- ✶ Im Hotelzimmer: Badewannen, Duschtassen, zur Not auch das Handwaschbecken über Nacht vollgefüllt lassen. Vor allem in Heizperioden sind das nützliche Maßnahmen.
- ✶ Zu Hause: Zimmerbrunnen aufstellen. Zimmerpflanzen auf Hydrokultur umstellen. Wäsche im Schlafzimmer trocknen. Luftbefeuchter kaufen (besser sind Heißdampfgeräte oder Sprühnebler als Ultraschallmodelle).
- ✶ Im Klassenzimmer, Vortragsraum etc.: Luftbefeuchter organisieren, Karaffe mit Trinkwasser bereithalten.
- ✶ Flugzeug, Auto, Eisenbahn, klimatisierte Räume: viel trinken, wenig reden. Im Notfall Tascheninhalator verwenden.

Praxistipp:

- ✶ Mundhöhle vor dem Sprechen stets anfeuchten. Besser mit Speichel als mit Wasser. Der Kehldeckel legt sich beim Trinken über die Luftröhre, in den Kehlkopf gelangt also kein Wasser (außer wenn Sie sich verschlucken). Beim Schlucken von Speichel gelangt jedoch auch eine kleine Menge unter den Kehldeckel: Befeuchtung garantiert!
- ✶ Beißen Sie gedanklich in eine saure Zitrone ... der Speichelfluss beginnt.

2. **Sensibilität:**

Wenn Sie in einem Stimmberuf tätig sind, Ihre Brötchen sozusagen mit viel Einsatz von »Stimme« verdienen, Sie ein »Voice-Worker« sind, sind Sie gut beraten, Ihr subjektives Stimmgefühl gut zu entwickeln. Damit erkennen Sie etwaige Stimmstörungen in ihren Anfängen und können ihnen frühzeitig entgegenwirken. Stimmerkrankungen müssen ernst genommen werden. Stimm- und Kehlkopferkrankungen gehören zu den langwierigsten Erkrankungen des menschlichen Körpers. Wenn Sie je heiser waren, wissen Sie, dass das vollständige Ausheilen oft wochenlang dauert.

- ✶ Heiserkeit, die länger als fünf Tage andauert, muss unbedingt vom HNO-Arzt abgeklärt werden!
- ✶ Bei gänzlichem Stimmverlust, der länger als 24 Stunden dauert, sofort zum Arzt!
- ✶ Bei Heiserkeit nicht flüstern, das verstärkt den Druck auf die ohnedies angegriffenen Stimmbänder.

Frühsymptome einer Stimmstörung sind: rasche Ermüdbarkeit der Stimmbänder, Halskratzen, Hüstel- und Schluckzwang, Verschleimungen, Kloß-/Knödelgefühl, Enge im Hals, Halsverspannungen, Trockenheitsgefühl, Schmerzen bei der Zungenwurzel, verringerter Stimmumfang (Höhe nur mehr mit Lautstärke und Pressen erreichbar). Achten Sie darauf und treffen Sie entsprechende Sofortmaßnahmen (siehe Kapitel IX.2 »Pflegen, Vorbeugen und Kurieren«).

Übungen:

➲ **Gähnen:** Die Stimmbänder und die Muskeln des Kehlkopfes sind aktiv und bewusst kaum zu entspannen. Gähnen ist eine Möglichkeit, auf Verspannungen in diesem Bereich einzuwirken. Ihren Gähnreflex sollten Sie spontan jederzeit, vor allem beim kleinsten Verspannungsgefühl auslösen können. Gähnen soll nicht unterdrückt werden. In der Öffentlichkeit können Sie hinter einem großen Taschentuch gähnen. Der Mund ist dabei locker geöffnet, die

Zunge liegt im Mundraum. Den Mund nicht aufreißen und nicht überspannen. Mit der Gähnspannung wird auch das Zwerchfell stark aktiviert. Dies kommt wiederum dem Atem zugute. Wie Sie auch hier wieder erleben können, wirken sich die einzelnen Übungen immer gleich auf mehrere Sprechwerkzeuge aus.

➲ **Halsdrehen:** Entspannte Schultern, gerade Kopfhaltung. Drehen Sie bewusst und langsam Ihren Kopf, führen Sie das Kinn zuerst zur linken Schulter (nicht überdehnen) und dann zur rechten Schulter. Mehrmals wiederholen.

Praxistipp:

✶ Vermeiden Sie gewohnheitsmäßiges Räuspern und Husten. Gewöhnen Sie sich Schlucken, Summen und Gähnen an.

5. Die Lautbildungsorgane (das Ansatzrohr)

Tritt keck auf, mach's Maul auf, hör bald auf.

Martin Luther

Wenn Sie die Absicht haben, einen Ton zu produzieren, und diese Absicht umsetzen, beginnt im Kehlkopfbereich ein faszinierendes, äußerst kompliziertes physiologisch-anatomisches Programm abzulaufen. Die vibrierende Luft oberhalb und unterhalb der Stimmritze gelangt in die Resonanzräume. Diese umfassen alle oberhalb der Stimmbänder gelegenen Höhlen und Nischenbildungen: den Rachen-, den Nasenraum, die Mundhöhle, die Neben-Kiefer-Stirnhöhle. Hier formen wir aus dem Primärschall, der noch keine Sprache im gewohnten Sinn ist, Laute, Silben, Wörter, die für die jeweilige Sprache gebraucht werden.

Die Klangfarbe, die Fülle und die Modulationsfähigkeit einer Sprechstimme entsteht nun teilweise anlagebedingt (Gaumenform, eine gerade verlaufende Nasenscheidewand usw.). Zum größeren Teil dadurch, dass diese Räume mehr oder weniger optimal ausgeformt werden. Das geschieht durch entsprechende Lippen-, Kiefer- und Zungenstellung und durch eine Weitung des Rachenraumes mit Hilfe der Gähnspannung.

Unter den Sprechlehrern und -lehrerinnen herrscht überwiegend Einigkeit darüber: Es ist jedem Menschen möglich, durch optimale Nutzung des Resonanzraumes zu einer guten, klangvollen Sprechstimme zu kommen. Die Ausnahme sind gravierende organische Fehlbildungen (Wolfsrachen, Polypen, gekrümmte Nasenscheidewand usw.). Der Vollständigkeit halber sei erwähnt, dass für eine strahlende Singstimme der wesentlichere Faktor die angeborene Beschaffenheit der Resonanzräume ist.

Wenden wir uns dem Raumsystem über der Stimmritze im Detail zu. Zur Verfügung stehen uns Mundhöhle, Mundboden, die Zungenmuskulatur, der Unterkiefer, die Wangen, die Zähne, der Rachenraum, der Nasenrachen, die Nase, der harte und der weiche Gaumen und das Gaumensegel. Durch eine große Anzahl gefiederter Muskeln ist der **Mundraum** und damit das wesentlichste System für die Lautbildung unglaublich vielfältig **veränderbar**.

Die Form des Ansatzrohres ändert das Resonanzverhalten der Töne. Die Muskeln in diesem Bereich, die eigentlich alle zum Verengen da sind, müssen so gut wie möglich auf Dehnen, Weiten eingestellt sein. Zum Verständnis verlegen wir das Ansatzrohr aus dem Körperinneren nach außen: Formen Sie aus einem Blatt Papier eine Rolle und sprechen Sie durch. Da ist mehr Stimmvolumen. Oder erinnern Sie sich an das Indianer-Geheule als Kind? Machen Sie es einmal so, dass Ihre Hand die Lippen nur fast berührt. Der Ton schwillt an und ab. Wenn Sie also die Schallwellen anders formen, ändert sich sofort der Klang. Das macht das Ansatzrohr **im** Körper. Innen.

Experimentieren Sie weiter: Zähne aufeinander pressen und bis zehn zählen – diese Zahnstellung macht Sprechen undeutlich. Lippen anspannen – so zischt es. Zunge an die unteren Schneidezähne drücken – ohne Zungenbewegung bleiben Sie unverständlich. Und jetzt zählen Sie aus dem Gähnen heraus bis zehn. Weil der Kehlkopf dabei tief steht, das Ansatzrohr also lang ist, klingt es wesentlich voller, auch dunkler.

Daraus ergibt sich als Trainingsziel für diesen Bereich eine hohe Geschmeidigkeit der beteiligten Muskulatur, ein koordiniertes Zusammenspiel dieser Muskeln, damit alle Vokale und Konsonanten unserer Sprache in ihren Aussprache- und Klangbildungsmustern optimiert werden können (Lautoptimierung).

Optimale Stimmgebung mit dem kleinstmöglichen Aufwand an Muskelspannung der Kehlkopfmuskulatur und an Atemdruck, das ist ökonomisches Sprechen.

Gut artikulieren und präzise aussprechen bedeutet jedoch **nicht** übernatürliche, affektierte, übertriebene Lippen- und Mundbewegungen. Dennoch sollten Sie sich schnell an das Gefühl gewöhnen, den Mund generell weiter aufzumachen, als Sie es vermutlich bisher getan haben. Stimme kommt **aus** dem Mund. Wenn Sie mit irgendeinem Lautbildungsorgan einen Maulkorb produzieren, kann der Schall nicht herauskommen.

Übungen:

1. Lockerungs- und Geschmeidigkeitsübungen:

Sie dienen der Geschmeidigkeit, der Beweglichkeit, der Aktivierung der Sprechmuskulatur.
Bei den meisten dieser Übungen sieht man nicht besonders intelligent aus. Manche werden Sie vielleicht zum Lachen bringen. Sie werden sich komisch dabei vorkommen. In jedem Fall sind sie für viele von Ihnen ungewohnt. Die dringende Empfehlung lautet deswegen, Training ist Training und Wettkampf ist Wettkampf. Sie machen diese Übungen nicht vor Publikum, sondern wenn Sie für sich allein sind.

- **Zungenkreis:** Eine klassische Gesichtsübung. Sie aktiviert den ringförmigen Muskel im Lippenbereich. Stülpen Sie die Lippen zum »U« nach vorne, kontrollieren Sie mit Ihrem Finger, dass die Lippen selbst weich sind, dann spüren Sie dahinter den zusammengezogenen Muskel. Sie trainieren ihn wie folgt: Kreisen Sie mit Ihrer Zunge in dem Bereich zwischen Zähnen und Lippen (das ist außerhalb der Mundhöhle) bei weit geöffnetem – aber nicht aufgerissenem – Mund langsam und kräftig von der unteren Zahnreihe über die Wange zur oberen Zahnreihe und über die andere Wange zurück zum Ausgangspunkt. Diesen Kreis beschreiben Sie dreimal, dann in umgekehrter Richtung.
- **Zungenflattern:** Zungenspitze bei leicht geöffnetem Mund rausstrecken und wieder einziehen. Im raschen Wechsel.

Stellen Sie sich vor, Sie strecken verbotenerweise jemandem die Zunge raus. Dann weit herausstrecken und von links nach rechts zwischen den Mundwinkeln hin und her schnellen lassen.

➲ **Fischmäulchen:** Ziehen Sie beide Wangen ganz fest ein. Es entsteht ein Fischmäulchen. Versuchen Sie es zu öffnen und zu schließen.

➲ **Wangen aufblasen:** Lippen fest schließen. Wangen mit Luft aufblähen, dann die Blase platzen lassen. Sprechen Sie dabei ein kurzes »PA«, als ob das »P« explodierte.

➲ **Auflockern** mit Pferdeschnauben und mit Kopfschütteln jeweils zwischen den einzelnen Übungen.
Pferdeübung: Lippen flattern lassen, »brrrrrrr« sagen mit vibrierenden Lippen, als ob Sie das Schnauben eines Pferdes nachahmen.
Kopfschütteln: Kopf nach vorne neigen, Ton produzieren und dabei den Kopf schütteln. Lippen und Wangen sollen dabei blubbernd hin und her wabbeln.
Zum Abschluß immer kräftig **gähnen**.

➲ **Zungenentspannung:** Die Zunge ist ein nur einseitig befestigter Muskel und als solcher gehört sie häufig gedehnt. Außerdem ist sie ein Indikator für Angstgefühle. Wenn wir Angst haben, geht sie nach hinten (Lampenfieber). Es kann gut sein, dass Sie mit der Zungenentspannung am Anfang Ihre Schwierigkeiten haben. Die Zunge ist in unserer Kultur Tabu. Trotzdem: Mehrmals täglich zehn Sekunden lang den Mund entspannt öffnen. Zunge locker über die Unterlippe heraushängen lassen. Ruhig atmen. Oftmals wird die Zunge zu zittern beginnen. Dies ist ein Zeichen für die einsetzende Entspannung/Dehnung.

Im alltäglichen Leben fördern Sie eine geschmeidige Artikulation durch die Befolgung der goldenen **K+K-Regel**. **Küssen**

und Kauen, richtig. Nützen Sie jede Gelegenheit zum Küssen und Schmusen, spitzen Sie, so oft es geht, ein Kussmündchen. Zum Kauen brauchen Sie dieselben Organe wie zum Artikulieren. Diese Tatsache hat E. Froeschels zu der nach ihm benannten **Kauphonation** angeregt: Stellen Sie sich vor, Sie kauen etwas Wohlschmeckendes, nicht zu Weiches. Deutliche Kaubewegungen ausführen und dazu Kausilben sprechen. Möglichst klangvoll, weich und resonanzreich. Kausilben sind z. B. mnjim, mnjiem, mnjam, mnjiom, mnjium.
Wenn Sie untertags tatsächlich Nahrung zu sich nehmen, kauen Sie den ersten Bissen von allem, was Sie in den Mund stecken, bis er flüssig ist. Das dauert beim Müsliriegel länger als bei der Suppe, was aber keine Rolle spielen soll. Bis zum Abend haben Sie ein perfektes Training Ihrer Artikulationswerkzeuge hinter sich. Nebeneffekt: Die Speicheldrüsen, die bei den meisten Menschen heutzutage verkümmert sind, werden wieder auf volle Leistung gebracht. Damit Ihnen vor dem Sprechen die Spucke nicht wegbleibt.

2. Resonanzübungen:

➲ **Summübung:** Klassische Resonanzübung, befindet sich im Repertoire aller Sänger, Rezitatoren, Schauspieler. Dient dazu, die Stimme empfinden zu lernen und klingen zu lassen. Eignet sich hervorragend für die Füllung von »Leerzeiten« untertags. Auch Piepsstimmen werden dadurch meist dunkler. So wird's gemacht: Ein Mal ganz langsam ausatmen, dann wieder einatmen. Lippen leicht aufeinander legen. Während Sie die Luft langsam durch die Nase ausströmen lassen, summen Sie laut und kräftig »mmmmmmmmmmmmm«, so lange wie Ihr Atemstrom reicht. Bei mehrmaliger Wiederholung müssten Sie in den Lippen ein leichtes Kitzeln spüren, im Kopf ein Summen und Vibrieren wie in einem Bienenhaus. Übung mehrmals täglich drei Mal wiederholen.

- Singen, summen und pfeifen Sie tagsüber, wann immer Sie die Möglichkeit haben. Eine generell wirksame Übung, um die eigene Stimme empfinden zu lernen.
- Hineintönen (Intonieren): Stellen Sie sich vor, Ihr Ton solle zunächst in Sie hineinklingen. Erzeugen Sie bewusst einen erlösenden Seufzer und sagen Sie genüsslich »aaaaah«. Sie spüren deutlich eine Vibration im Brustraum, manches Mal bis in den Magen hinunter. Die Übung bringt eine automatische Weitung des Rachens mit sich. Das ist wichtig für die Resonanz.
- Beim nächsten Mal halten Sie den Ton länger aus. Stellen Sie sich vor, dass der Ton von innen nach oben steigt, alle Resonanzräume ausfüllt und den Schläfen entlang Ihren Kopf verlässt.

3. Lautbildungsübungen (präzises Artikulieren/Deutlichkeit):

Je sauberer, klarer, deutlicher Sie sprechen, umso leichter hört man Ihnen zu. Schlampige Aussprache erschwert Ihren Zuhörern das Verständnis und kann negative Gefühle hervorrufen. Wer schlampig spricht, wirkt unsicher. Deutliche Aussprache signalisiert Sicherheit. Trainieren und kräftigen Sie mit den folgenden Übungssätzen den ringförmigen Muskel um Ihre Lippen herum. Bei den meisten Menschen kann man deutlich sehen, dass vor allem der obere Teil dieses Muskelrings unbeweglich ist. Sie bringen den Mund nicht auf und haben einen Gesichtsausdruck, der durch nach unten hängende Mundwinkel und Wangen gekennzeichnet ist. Jeder Profi bringt sich vor dem Reden deswegen zum weichen Lächeln. Die Gesichtszüge werden sofort freundlicher und die Voraussetzungen für Deutlichkeit sind optimal.

➲ **Lippenablesen:** Lesen Sie die Schlagzeile Ihrer Tageszeitung, Werbesprüche von Plakatwänden, die Notrufinformationen im Aufzug laut. Dabei artikulieren Sie so, dass man Ihnen die Botschaft von den Lippen ablesen kann.

➲ **Zahnlosübung:** Sprechen Sie einen Satz, als hätten Sie Ihre dritten Zähne noch im Glas: »Ich spreche einen Satz ohne Zähne.« Ein zweiter Durchgang mit Zähnen. Das macht ganz rasch Ihre Muskulatur geschmeidig.

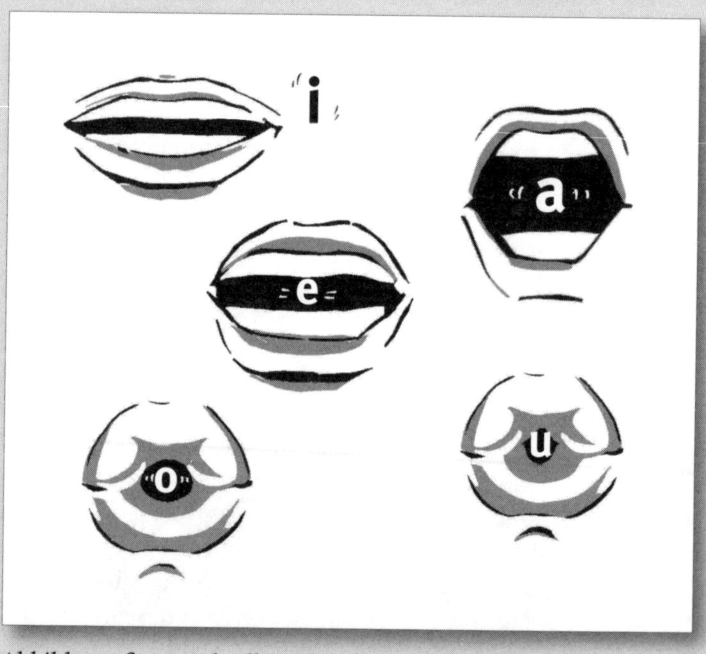

Abbildung 6: Mundstellung bei der Vokalbildung

➲ **Übung zur Vokalbildung:** Lippen werden deutlich geformt. Zunge liegt locker im Mundraum und berührt ohne Druck die unteren Schneidezähne. Die Übungssätze jeweils drei Mal sprechen.

- Beim »U« die Lippen als Kußmund formen:
  »In Ulm / um Ulm / rund um Ulm herum.«
- Beim »O« dieselbe Stellung wie oben, Unterkiefer öffnet den Mund etwas weiter:
  »Wie gewonnen / so zerronnen.«
- Beim »A« Mund weit öffnen. Nicht in die Breite, sondern mit lockerem Unterkiefer:
  »Am Anfang / war das Wort.«
- Beim »E« mittlere Mundöffnung, nicht zu breit. Obere und untere Zahnreihe mindestens einen Zentimeter auseinander:
  »Ehre / wem Ehre / gebührt.«
- Beim »I« wird die E-Stellung nur minimal verändert. Unterkiefer bewegt sich einen Millimeter nach oben. In keinem Fall dürfen Sie das »I« breit auseinanderziehen. Im Idealfall klingt das »I« durch dieselbe Mundöffnung wie das »E« heraus:
  »Iller / Isar / und Inn / fließen / zur Donau / hin.«

➲ **Korkenübung:** Ist sie auch Wahnsinn, hat sie doch Methode. Ich möchte fast darauf wetten, dass erstens auch Sie bereits von dieser Übung gehört haben und sie zweitens auch bei Ihnen für Gelächter sorgt. Generationen von sprechtechnischen Lehrlingen haben diese Übung bereits genützt. Ihr Gewinn: Sie aktiviert in optimaler Weise den hinteren und unteren Teil des Resonanzraumes. Sie fördert die präzise Aussprache bestimmter Konsonanten. Sie erhöht die allgemeine Geschmeidigkeit der Sprechmuskulatur und sorgt dafür, dass die optimale Lautbildung automatisiert wird.
Anwendung: Nehmen Sie einen Flaschenkorken mit etwa $1^1/_2$ Zentimeter Durchmesser drei bis vier Millimeter weit zwischen die Schneidezähne. Lesen Sie einen Zeitungsar-

tikel laut und artikulieren Sie dabei möglichst präzise und deutlich. Wenn Sie keinen Korkstoppel haben, tut es auch der kleine Finger, ein Hartgummiröllchen oder etwas ähnlich Elastisches. Das Lautergebnis ist akustisch zuerst wenig zufriedenstellend, aber nach dem Korken kommt natürlich ein Durchgang ohne Stoppel!

➲ **Zungenbrecher zur Artikulationsübung**: Mag sein, dass Sie aus Ihrer Schulzeit noch einige parat haben. Jetzt ist es Zeit, diese hervorzukramen. Mehrmals am Tag, zunächst Wort für Wort und dann auch mal ein bisschen schneller, aber immer noch deutlich sprechen. Einige der berühmtesten:

- *Fischers / Fritz / fischt / frischen / Fisch.*
- *Blaukraut bleibt Blaukraut, Brautkleid bleibt Brautkleid.*
- *Wir Wiener Waschweiber würden weiße Wäsche waschen, wenn wir wüssten, wo weiches warmes Wasser wäre.*
- *Der Postkutscher putzt den Cottbuser Postkutschkasten.*
- *Der dicke Dienstmann trug die dicke Dame und den dicken Dackel durch den dicken Dreck.*

Zur ausführlichen Beschreibung der Lautoptimierung finden Sie im Literaturverzeichnis mehrere ausgezeichnete praxisorientierte Bücher.

Es ist völlig in Ordnung, wenn Sie sich am Anfang bei diesen Übungen sehr seltsam vorkommen, sich möglicherweise auch genieren. Dazu müssen Sie wissen, dass der Mundbereich in unseren Breitengraden eine tabuisierte Zone ist. Als Kinder schneiden wir Grimassen und bewegen unsere Artikulationswerkzeuge ohne die geringste Scheu. Dann lernen wir, dass es nicht in Ordnung ist, die Zunge zu zeigen, auszuspucken, den Mund offen hängen zu lassen, zu schmatzen, zu schlürfen, genüsslich zu schlecken und vieles mehr.

Eventuell getragene Zahnspangen oder auch schlecht sitzende Zahnprothesen oder auch nur eine unregelmäßige Zahnreihe (die dem Schönheitsideal nicht nahekommt) tun ein übriges dazu, dass sich bewusst oder unbewusst »Maulsperren« einstellen. Seien Sie achtsam und behutsam mit sich selbst, wenn Sie diese Gefühle bei sich beobachten. Und gewöhnen Sie sich langsam an das Öffnen, an die Weite in Ihrem Mund.

6. Vom Hören (die Ohren)

Wer Ohren hat
Höre
Wer Augen hat
Höre und sehe
Wer Hände hat
Höre und sehe und tue
Wer Füße hat
Höre und sehe und tue und gehe
Wer einen Mund hat
Höre und sehe und tue und gehe und rede

Und schweige
Und schweige
Und schweige
Und höre

Kurt Wolf

Das Sprechen hat einen Zwillingsbruder, nämlich das Hören. Es gibt ein besonders intensives Verbundensein von Stimme und Ohren. Und das gleich in mehrfacher Hinsicht. Das Organ, mit dem Sie über kurz oder lang überprüfen sollen, was Sie gesagt haben, ist das Gehörorgan. Schon aufgrund dieser Tatsache kommt ein seriöses Sprech- und Stimmtraining nicht ohne Gehörtraining aus. Wenn Ihre eigenen Ohren nicht in Übung sind, diese Kontrollfunktion zu übernehmen, bleiben Sie auf das Ohr des Sprecherziehers angewiesen. In der Praxis soll es aber so sein, dass Sie rasch lernen, sich selbst beim Sprechen zuzuhören. Und dass Sie auch rasch lernen, Tonbandaufnahmen mit Ihren eigenen Ohren zu analysieren, zu interpretieren und entsprechende Verbesserungen einzuplanen. Das liest sich vielleicht selbstverständlich, in der Realität wird heutzutage jedoch bei vielen Menschen das Gehör als Sinnesorgan vernachlässigt. Wir leben in einer Zeit, die das Auge allen anderen Sinnen gegenüber eindeutig bevorzugt. Wir verlassen uns ständig auf unsere Optik, sind aber nur noch selten *ganz Ohr*. Drei Viertel aller Sinneseindrücke nehmen wir über die Augen wahr. Nun ist klar, dass der Mensch zu seinem Fortkommen alle Sinnesorgane braucht. Es geht nicht darum, dem Auge seine Wichtigkeit abzusprechen. Dennoch gibt es einige grundsätzliche und weitreichende Überlegungen zu diesem Thema.

Mit unseren Augen haben wir leichtes Spiel. Weil sie so einfach zu täuschen sind, stecken wir viel Geld in Kosmetik, Kleidung und Prothesen. So hat es den Anschein, dass zumindest oberflächlich alles seine Ordnung hat. Dies funktioniert so lange gut, so lange Sie nichts sagen. Tatsache ist jedoch, dass die Ohren sich nicht so leicht täuschen lassen. Im Gegenteil. Sie haben die Fähigkeit, in Bruchteilen von Sekunden aus wenigen Wörtern ein Maximum an Informationen zu holen. Wenn also die hübsche Dame im Chanel-Kostüm mit passenden Schuhen und Handtasche, mit exquisiter Frisur und gekonnt unauffälligem Make-up aus ihrem Mund piepsende, dünne Jungmädchentöne erschallen lässt, ist unser Ohr die einzig verlässliche Informationsquelle über die Diskrepanz zwischen Sichtbarem und Hörbarem. Auch wenn der braungebrannte, fitnessgestählte Firmenjuniorchef im Designer-Outfit seine Overheadfolien mit pubertierender Flegeljungenstimme erklärt, leidet seine Glaubwürdigkeit. »Es stimmt etwas nicht«, sagt das Ohr.

Im umgekehrten Fall kann es auch geschehen, dass Menschen rein äußerlich kein bisschen den männlichen und weiblichen Schönheitsidealen unserer Zeit entsprechen. Kaum fangen sie zu reden an, ist man von ihnen wie gefesselt und vergisst in kürzester Zeit, wie sie aussehen.

Die Augen haben einen Wahrnehmungswinkel von etwas mehr als 180 Grad. Das Ohr hört sozusagen quadrophonisch, 360 Grad. Der Schall transportiert seine Botschaft auch um Ecken herum und durch Mauern.

Hören hat eine andere Informationstiefe als Sehen oder Lesen allein. Der Stummfilm kam zu keinen Zeiten seines Bestehens ohne den Mann am Klavier oder Zwischentitel aus. Allein aus dem sichtbaren Geschehen ist es nur in den seltensten Fällen möglich, eindeutige Informationen über den Inhalt der Geschichte zu bekommen. Wenn es dramatisch wird, erklingt die entsprechende Musik, weil sonst die dramatische »Stimmung« nicht aufkommt. Ein Hörspiel kennt diese Probleme nicht. Wohl entstehen im Gehirn jedes Menschen sehr verschiedene Bilder zum Gehörten, wir haben aber keine Mühe, uns über den Inhalt in der Geschichte zu unterhalten. Dabei spielt es keine Rolle, ob Sie sich den Hauptdarsteller blond und ich mir meinen schwarzhaarig vorstelle, über den Inhalt herrscht Einigkeit.

Ergebnisse aus der Gedächtnisforschung belegen eindeutig, dass das Lautgedächtnis, das für die Lautinformation zuständig ist, dauerhafter speichert als das Gedächtnis für die visuellen Informationen. Eine Lautinformation wird vier bis fünf Sekunden gespeichert, eine visuelle Information eine Sekunde. Ein Bild ist demnach *keine* tausend Worte wert. Ein gesprochenes Wort verarbeitet unser Gehirn in 140 Millisekunden, ein gedrucktes Wort braucht 180 Millisekunden. In der Psychologie und Kommunikationswissenschaft erklärt man diese Verzögerung so: Das Gehirn übersetzt die visuelle Information zunächst in Töne, um sie zu verstehen. Es scheint, als müsste das Gehirn die gedruckten Worte erst einmal in ihre gesprochenen Äquivalente umsetzen, bevor es sie verstehen kann. Ein Wort ist somit tausend Bilder wert.

Hören schafft eher Nähe und Intimität, Sehen distanziert Menschen mehr voneinander. Wahrscheinlich kennen Sie das auch. Verliebte Leute treffen sich nicht im Neonlicht, sondern bei Kerzenschein. Sie gehen auf Hörweite und Fühlnähe, reduzieren mehr oder weniger unbewusst das Sehen auf ein Minimum. Die besten Gespräche zu Hause laufen zumeist am Esstisch. Dort, wo man die Köpfe zusammenstecken kann. Wieder ist die Hörweite ausschlaggebend. Man diskutiert nicht gerne auf der Wohncouch, wo man leicht außer »Hörweite« gerät. Es ist ein Partykiller ersten Ranges, die Gäste aus der Küche, wo sie nahe zusammenstehen konnten, ins Wohnzimmer zu dirigieren ...

Dahinter steht der Zusammenhang zwischen Hören und Fühlen. Die beiden Sinne können einander vertreten. »Wer nicht hören will, muss fühlen«, lautet das Sprichwort. Sehen ist auf das Auge beschränkt. Hören kann zum Teil sogar mit dem ganzen Körper geschehen. Schallwellen können über eine bestimmte Art von Hautzellen aufgenommen werden. Vor allem niedere Frequenzen bis ca. 1000 Hertz.

In unserem Innenohr befindet sich neben dem Hörorgan auch der Gleichgewichtssinn. Der informiert uns Menschen über unsere Lage im Raum, wo oben, unten, vorne, hinten, links und rechts sind. Mutter Natur hat so etwas wie ein »Ohrientierungssystem« installiert. Das Gleichgewicht ist mit dem Hören gekoppelt und nicht mit dem Sehen.

Kehren wir zu unserem Thema zurück. Erst, wenn ich einen Menschen auch sprechen höre, wird meine Einschätzung von ihm runder, ganzer, umfassender. Mit dem Auge allein mache ich mir mit Sicherheit ein unvollständiges Bild.

Schließlich ist in der Kommunikation das Auge fast nicht in der Lage, selbst Informationen an andere Menschen zu übertragen. Und auch dann nur sehr unzuverlässig, mehr auf psychischem als auf visuellem Weg. Dank seinem Zwillingsbruder »Sprechen« kann das Ohr sehr wohl zuverlässig Information übermitteln.

Instinktiv wissen wir um die Wichtigkeit unserer Ohren. Instinktiv wissen wir, dass etwas ganz Entscheidendes geschieht, wenn das Hörvermögen beeinträchtigt ist. Sprichwörter sind aufschlussreich: Ein blindes Huhn findet im Volksmund immer wieder mal ein Korn. Wenn es von einem Menschen heißt, er oder sie ist eine »Taube Nuss«, spüren wir die umfassende Isolation, eine Art endgültiges Nicht-mehr-Teilnehmen an der ganzen Welt. Und tatsächlich (siehe oben) ist der taube Mensch nicht nur vom Hören, sondern auch vom Fühlen und von der Orientierung weit entfernt. Es wird geschildert als Gefühl des Ausgestoßenseins, das seelisch kaum zu ertragen ist. Mit dem Hören verlieren wir das Mitschwingen und damit das Mitgefühl mit der Welt. Psychische Störungen bis zur Depression können die Folge sein.

Instinktiv gehen wir mit einer Hörbehinderung auch wesentlich verschämter um als mit einer Sehbehinderung. Brillen sind heutzutage ein Modeartikel, wir führen unsere Behinderung designergestylt aller Welt vor. Hörgeräte sind hautfarben und möglichst unauffällig.

Taube Menschen können deswegen meist keine verständliche Sprache entwickeln, **weil** sie (die Welt um sich selbst) nicht hören. Menschen, die (im Alter) schwerhörig werden, sprechen oft sehr laut oder gar nicht mehr viel. In jedem Fall verändert sich mit der Höreinschränkung das sprachliche Kommunikationsverhalten. Was auf der Ebene der Behinderung logisch erscheint, betrifft auch Sie – denken Sie daran, wie Sie mit dem Handy in einer lauten Umgebung telefonieren. Wir sind auf auditive Rückkoppelung angewiesen. Und damit spannen wir den Bogen zu unserem Hauptthema Stimme zurück: »Der Mensch spricht mit dem Ohr«, bringt es Alfred Tomatis auf den Punkt. Tomatis ist ein bahnbrechender Forscher auf dem Gebiet des Hörens. Er fand heraus: Die Stimme eines Menschen enthält nur jene Frequenzen, die das Ohr hört. Nachweislich und messbar.

Wenn in Ihrem akustischen Spektrum zwischen 16 und 16.000 Hertz einige Frequenzen von Ihnen nicht wahrgenommen werden, fehlen dieselben auch in Ihrem stimmlichen Klangspektrum. Unsere Stimme vermag nicht, etwas wiederzugeben, was das Ohr nicht gehört hat.

Ein chinesisches Baby kann drei Wochen nach seiner Geburt kein »l« mehr von einem »r« unterscheiden. In seiner Sprache kommt das »r« nicht vor, also braucht es diesen Laut nicht zu erkennen. Es vernachlässigt – vereinfacht gesprochen – das Hören auf dieser Frequenz. Wenn nun ein Chinese im Erwachsenenalter Deutsch lernt, mit welchem Buchstaben hat er dann am meisten Probleme?

Wenn ein Kind in seiner frühen Entwicklung keine wertschätzenden, anerkennenden, lobenden Sätze und Töne vernimmt, hat es im Erwachsenenalter mit dem Ausdrücken von Wertschätzung, Lob und Anerkennung möglicherweise große Probleme. Diese Erfahrungen teilen die Hörforscher mit vielen Psychologen und Therapeuten.

Dieses Buch ist natürlich nicht der Ort für wissenschaftliche Hörexkursionen. Aber für Ihre Sprechtechnik ist es entscheidend, dass Sie etwas für Ihr Ohr tun. Sie müssen sich selber zuhören. Nur so sind Sie in der Lage, an Ihrer Stimme, an Ihrer Sprechweise Veränderungen vorzunehmen. Selbständig und unabhängig. Für viele Redner ist der Gedanke, sich selbst beim Sprechen zuzuhören fremd, neu, irritierend. Die anderen sollen doch zuhören! Und Leute, die sich selbst gern reden hören, schätzen wir nicht besonders. Aber das ist auch etwas ganz anderes. Sie sollen viel bewusster als bisher im audio-vokalen Regelkreis sprechen.

Übungen:

➲ Basisübung: **Ein Satz ins eigene Ohr.**

Einmal in der Woche sprechen Sie laut und deutlich den folgenden Übungssatz: »Ich höre mir beim Sprechen gerne zu.« Achten Sie auf jedes Wort, jeden Buchstaben. Vielleicht geht es anfangs leichter, wenn Sie die Augen schließen. Es ist gut möglich, dass Sie beim ersten Versuch gar nicht sagen können, ob Sie sich wirklich gehört haben. Oder ob Sie nur dachten, dass Sie sich gehört haben. Der erste große Durchbruch im Stimmtraining kommt erfahrungsgemäß dann, wenn es zum ersten Mal heißt: »Ja, ich habe es selbst gehört.«
Das Selber-Zuhören automatisiert sich mit der Zeit und funktioniert als ausgezeichnetes Kontrollsystem z. B. für Tempo und Deutlichkeit.

➲ Die ruhige Minute: Einmal am Tag 60 Sekunden schweigen und hören (nehmen Sie eine Eieruhr).

- Die ruhigen zehn Minuten: Einmal in der Woche zehn Minuten in die Stille gehen. Sitzen oder gehen, alle Geräuschquellen so gut wie möglich ausschalten, atmen und horchen.
- Hörspaziergang: Einmal im Monat 30 Minuten lang im Wald, in der Stadt, im Freibad, im Kaufhaus ... langsam gehen und auf die Vielfalt der Geräusche achten.
- Nach einiger Zeit versuchen Sie, die Geräusche auch zu benennen. Mit Haupt- und Zeitwort. Damit aktivieren Sie Ihren akustischen Wortschatz.
- Einen neuen Ort (Urlaub/Reise) nicht nur besichtigen, sondern auch erhorchen, erlauschen.
- Den Alltag leiser gestalten: Achten Sie bewusst darauf, wie Sie alltägliche Tätigkeiten geräuschlos tun können, z. B. Autotüre schließen, Zähne putzen, Türklinke drücken, Stecker aus Dose ziehen u.v.m.
- Anrufbeantworter besprechen, eine banale Alltagsübung, und die Opinion-Leader-Übung (siehe Seite 155) trainieren selbstverständlich auch Ihr Hörvermögen.

7. Die Gesamtkörperhaltung

Es spricht und singt der ganze Mensch,
vom Scheitel bis zur Sohle.

Emil Hierhold

Zum Ausprobieren:

- Legen Sie sich auf den Boden oder auf eine Tischplatte. Sprechen Sie einen Probetext (z. B. »Alle meine Entlein ...«).
  Setzen Sie sich auf, lassen Sie die Beine locker vom Tisch herunterhängen. Probetext. Dann stellen Sie sich locker, aber stabil hin. Dritter Durchgang.

  Am veränderten Stimmklang wird deutlich, dass optimale Stimmgebung immer den Körper zu Hilfe nehmen muss.

- Verschränken Sie die Arme, stellen Sie sich vor, Sie fordern jemanden sehr energisch und wütend auf, den Raum zu verlassen. Rufen Sie: »RAUS!« Dann zeigen Sie mit Hand und Kopf Richtung Türe und rufen noch einmal »RAUS!« Die zweite Version wirkt im Ernstfall bestimmt besser.

  Körperbewegung beeinflusst unmittelbar die Sprechweise.

- Experimentieren Sie mit einem Partner. Setzen Sie sich gegenüber, einigen Sie sich auf ein Thema. Einer erzählt, der andere hört zu. Der Zuhörer hat die Augen geschlossen. Der Erzählende spricht eine Zeitlang mit verschränkten Armen und beginnt irgendwann während seiner Rede mit dem Einsatz großer Gestik. Der Partner unterbricht in dem Moment, wie er **hört**, dass eine Veränderung stattgefunden hat.

Die Erfahrung dieser Übung ist wieder: Der Einsatz des gesamten Körpers wirkt sich sofort auf Stimmklang, Sprechweise, Dynamik der Botschaft aus.

7.1 Körpersprache

In einem spannenden Interview mit der Expertin Maria Thanhoffer haben sich mehrere wichtige Schnittstellen zwischen Körpersprache und Stimmarbeit gezeigt. Thanhoffer hat von 1975 bis 2004 gemeinsam mit Samy Molcho an der Universität für Musik und darstellende Kunst in Wien (Reinhard-Seminar) gelehrt: Wer an seiner Stimme und Sprechweise arbeitet, kommt an der Körpersprache nicht vorbei.

»Der Körper lügt nicht. Der Körper verrät, was ich wirklich denke. Wenn ich Körpersprache verstehe, weiß ich besser über andere Menschen Bescheid.« Viele Menschen besuchen heutzutage Körpersprache-Seminare, weil Sie sich davon einen Wettbewerbsvorteil versprechen. »Ich weiß dann etwas über den anderen, was der andere über sich selber noch gar nicht weiß.«

Ganz so einfach ist die Sache nicht. Niemand würde von sich behaupten, gut Italienisch sprechen zu können, wenn er in dieser Sprache bis zehn zählen kann. Die oft beispielhaft erwähnten verschränkten Arme bedeuten nicht immer Verschlossenheit! Eine der wichtigsten Aussagen des großen Experten Samy Molcho ist denn auch, dass Körpersprache stets in einem Kontext betrachtet werden muss. Und es braucht aufmerksame Selbst- und Fremdbeobachtung und profunde Kenntnis des körpersprachlichen Verhaltens, um die Sprache des Körpers wirklich gut zu verstehen.

Alle Wahrnehmung geschieht über den Körper. Alle Daten müssen übersetzt werden in ein Bild für unseren Körper. Jeder Gedanke – ob bewusst oder unbewusst, Bild oder Wort – wird für uns Menschen auf der Körperoberfläche abgebildet. Erleben können wir als Menschen nur, was sich in unserer Physis abspielt.

Wenn Sie sagen »Zitrone«, reagiert Ihr Körper darauf. Sie haben eine Reaktionskette ausgelöst. Wenn Sie sagen »Katze«, taucht das Bild einer Katze auf, nicht das eines Elefanten. Wenn Sie sagen »Spritze«, reagiert Ihr Körper möglicherweise mit stockendem Atem.

Sprechen ist eine Absichtserklärung. Dem Körper und seinem Tun schenken wir aber mehr Glauben. Die Körperposition sagt grundsätzlich nur aus, was ich im Moment tun kann oder eben nicht. Auf der Couch lümmeln und eine ernste Botschaft weitergeben, kommt nicht an. »Ich höre dir aufmerksam zu, Vati.« – Eltern von Pubertierenden wissen das. Versuchen Sie, die Stirn hochzuziehen und gleichzeitig Zorn zu empfinden. Das funktioniert nicht. Stirn hochziehen ist körperlicher Ausdruck des Staunens, nicht des Zornes.

Die Gedankenebene ist vielfältiger als die Bewegungsebene. Grantig sein oder kurzsichtig: Beides wird motorisch sichtbar mit einer Senkrechtfalte zwischen den Augenbrauen. Wenn Ihr Gegenüber nun eine Stirnfalte produziert, steht Ihnen die Deutung frei. Darin liegt die Gefahr. *Eine* Körperbewegung kann Reaktion auf *mehrere verschiedene* Reize sein.

Das System wählt nach der Grundfunktion der Teile aus, wo die Bewegung geschieht. Verschiedene Körperteile können verschiedene Dinge gut. Die Hand kann gut **hand**eln und be**greifen**. Die Augen sehen und warnen. Die Faust ist eine angeborene Waffe. Wir können Auf**tret**en. Unsere Meinung ver**tret**en. **Stand**punkt beziehen, nicht aber einen **Liege**punkt. Ein Mensch, der sich nicht bewegt, wird selten eine flexible und abwechslungsreiche Sprache haben. Ob jemand flexibel oder starr ist, sieht man seinem Körper an. Es ist ein Unterschied, ob ein Mensch eine Wirbelsäule oder ein Rückgrat hat. Wie man sich be**haupt**et, ist eine **Kopf**geschichte …

Der Körper als organisches System lässt seine Teile nicht isoliert arbeiten. Mehrere Funktionen werden mit »Schaltkreisen« aufeinander abgestimmt. Prioritäten werden gesetzt, alle Teile ordnen sich unter. Wenn Sie sich in den Finger schneiden, bringen Sie nicht nur den Finger zum Arzt. Die Füße müssen auch den Körper dorthin tragen ...

Menschen haben einerseits *angeborene*, instinkthafte Gestik. Haltung und Verhalten sind andererseits auch *kulturell geprägt* und erlernt. Menschen auf der ganzen Welt machen die gleichen Gesten für »Stopp«. Alle Völker dieser Erde jubeln mit aufgerichtetem Körper, Arme nach oben. Niederlage und Enttäuschung werden mit nach unten gerichteten Körpergesten ausgedrückt. Kulturell und sozial erlernte Haltungen sind z. B. Begrüßungsrituale, die Kommunikationsdistanz, der Blickkontakt oder die Körperberührung während eines Gesprächs.

Körpersprachliche Signale sind nicht »gut« oder »schlecht«. Wir können getrost davon ausgehen: Es gibt immer ein Bedürfnis, das erfüllt werden muss, einen Reiz, auf den jetzt geantwortet werden muss. Der Körper muss einfach das durchführen, was in Ihrem inneren Konzept stattfindet. Warum er es tut, ist dem Körper egal, der Körper ist immer hier und da. Wenn Sie an Ihrem Körper eine Ver**änderung** vornehmen, wollen Sie es im Moment einfach **anders** haben. Darin ist grundsätzlich nichts Gutes und nichts Schlechtes. Die Bewegung ist Ausdruck Ihrer emotionalen Befindlichkeit, Ihrer inneren Haltung, die Ihnen den körperlichen Ausdruck nahe legt.

Aktives Arbeiten an der Körperhaltung beginnt mit genauer Selbstbeobachtung. Was spüre ich, was fühle ich, wie ist es wirklich?

Möglich sind nun beide Wege. Eine innere Befindlichkeit mit einer Bewegung zum Ausdruck bringen. UND: durch das bewusste Einnehmen einer äußeren Haltung die innere Haltung verändern. Je breiter Sie Ihre körpersprachliche Palette benutzen, umso abwechslungsreicher und vielfältiger erleben Sie sich. Da trifft sich die Körpersprache unmittelbar mit der Sprecherziehung. Ausbalancierte Haltung mit höchster Stimmqualität besteht in hoher muskulärer Ansprechbarkeit und flexibler Koordination.

7.2 Bewegte Balance: Sprechhaltung

Für die stimmlichen Zwecke ist es hilfreich, den Körper abschnittsweise von unten nach oben aufzubauen. Die körpersprachliche Zielsetzung ist es, auf Ihr Gegenüber kompetent, sachlich, souverän, positiv-neutral und gleichrangig zu wirken. Die stimmliche Zielsetzung besteht in optimaler Resonanz und Tragfähigkeit. Die sprechdynamische Zielsetzung besteht in intensiver Ausdruckskraft und bestmöglichen Formulierungen.

Körperlich und kommunikativ geht es dabei um ein stetes Ausbalancieren. Eine körperliche Haltung ist dann hilfreich, wenn sie nach kleineren oder größeren Störungen Ihr Gleichgewicht wieder herstellen kann (Stehaufmännchen). Optimale, entspannte Haltung hält unseren Körper mit geringstem Kraftaufwand in größter Standfestigkeit. Die menschliche Haltung ist deswegen auf ein **dynamisches** Gleichgewicht angelegt. »Haltung« ist starr, deshalb ist es besser, den Begriff »bewegte Balance« zu verwenden. In Gesprächen ist es hilfreich, sich mit jeder Antwort, mit jedem Einwand, mit jedem anderen Gesichtspunkt neu zu positionieren. Die eigene Einstellung überdenken, Ansichten ändern, Anschauungen erweitern, eben auch ausbalancieren.

✶ Füße

Selbstsicherheit beginnt bei den Fußsohlen. Wenn Sie einen guten Stand haben, nehmen Sie sich automatisch mehr Raum bis hin zu den Händen. Füße sorgen für Erdung, den Bodenkontakt, machen Ihren Standpunkt deutlich. Dies gilt im Stehen und im Sitzen. »Mit beiden Beinen fest im Leben stehen«, dann können wir die Realität gut wahrnehmen. Fußspitzen parallel oder ganz leicht nach außen gedreht. In der Praxis sorgen Sie immer wieder, spätestens knapp vor dem Auf**tritt**, für ein bewusstes »Fußgefühl«. Krallen Sie in Ihren Schuhen mehrmals die Zehen ein und strecken Sie sie wieder aus. Nutzen Sie jeden Fußabstreifer für besonders gründliches Säubern Ihrer Schuhe. Ihr Fußgefühl und damit Ihr Stehvermögen werden sich verbessern. Sorgen Sie für bestes Schuhwerk. Ledersohlen, wann immer möglich. Schuhe nur einen Tag tragen, 24 Stunden auslüften. Für Frauen: Keine zu hohen und keine zu flachen Absätze.

✶ Knie

Das Knie ist ein sehr beanspruchtes Gelenk. Es hat fast an allen großen Bewegungen des Körpers teil. Die Knie halten uns auf unserem Standpunkt. Wenn Sie gut stehen, können Sie mit bewusstem Knieschlottern und Körperschütteln Spannung abbauen (Lampenfieber). Bei einem Blackout sind Ihr Körper und vor allem die Knie höchstwahrscheinlich etwa dreißig Sekunden vorher starr geworden. In der Sprechsituation sollen die Knie flexibel sein, elastisch und beweglich. Damit sind Sie reaktionsbereit in körperlicher und geistiger Hinsicht. Sie können den eigenen Standpunkt jederzeit überprüfen, neue Anregungen und Argumente zulassen. Die körperlichen Voraussetzungen für geistige und emotionale Beweglichkeit sind optimal.

Durchgestreckte Knie signalisieren Trotz und Sturheit. Außerdem droht die Gefahr der Hohlkreuzhaltung.

✶ Hüfte – Wirbelsäule – Kreuz

Im Beckenbereich verbindet unser Körper oben und unten. Zwischen Fußsohlen und Becken befindet sich das Fundament, mit dem unser Körper stabil stehend dem Zug der Schwerkraft entgegenwirkt. Ist die Beckenpartie beweglich, fließt die Energie ungestört.

Im Stehen pendeln Sie mit Ihrer Hüfte langsam aber stetig zwei bis drei Millimeter hin und her. Diese Mikrobewegung, die für den Zuhörer kaum merkbar sein darf, gibt Ihnen die Sicherheit, die aus Flexibilität erwächst: Ein Baum ist umso stabiler, je beweglicher er ist. Eine Brücke muss schwingen, damit sie hält. Die Hüfte eignet sich als Zentrum einer Bewegung, die sich nach oben und nach unten in den gesamten Körper fortsetzt. Das Mikro-Hüftpendeln (keine Skigymnastik!) empfiehlt sich besonders für die Startphase. Sie werden schneller warm und haben von Anfang an Bewegung in Ihrem Sprechen. Es synchronisiert außerdem Ihre beiden Gehirnhälften. Das ist für bildhaftes und gleichzeitig strukturiertes Sprechen von Vorteil. Sprache ist eine Funktion beider Hemisphären, die linke befasst sich vor allem mit der Wortbedeutung, die rechte mit Satzbau, Rhythmus, Ton und Melodie. Achten Sie auch darauf, dass Sie Ihre Wirbelsäule gerade halten.

Im Sitzen nehmen Sie beim Sprechen stets Platz im vorderen Drittel der Sitzgelegenheit (beide Fußsohlen am Boden, Knie rechtwinkelig). Spüren Sie die Sitzknochen, indem Sie das Gewicht von einem zum anderen verlagern. Richten Sie die Wirbelsäule auf bis zum Scheitel. Dann lassen Sie – um den Unterschied sehr deutlich wahrzunehmen – das Becken nach hinten kippen. Sie spüren mehr »Sitzfleisch« als Knochen. Aber der Rücken ist rund. Nun machen Sie ein Hohlkreuz. Das Becken kippt weit vor die Sitzhöcker. Auch das ist ungünstig. Wenn Sie dazu einen Probetext sprechen, hören Sie es sofort. Gewöhnen Sie sich an, stets ganz leicht in alle Richtungen um die Sitzknochen zu kreisen. Auch im Sitzen: die bewegte Balance gibt Ihnen Reaktionsfreiheit nach allen Seiten. Wo immer Ihr Gesprächspartner sitzt, Sie können sich ihm ohne großen Aufwand zuwenden. Körperlich verhindern Sie einseitige Verspannungen. Geistig und emotional vermeiden Sie einseitiges Denken und Fühlen.

Nachdem es einen Unterschied macht, ob ein Mensch eine Wirbelsäule oder ein Rückgrat hat, geht es im Kreuzbereich auch um den Beginn unserer Aufrichtigkeit. In diesem Buch ist nicht der Ort, um über die kollektiven Wirbelsäulen- und Rückenprobleme zu sprechen oder die Zunahme der Haltungsschäden. Erlauben Sie mir dennoch eine Empfehlung nicht nur im Hinblick auf Ihre Stimmentwicklung: Warten Sie mit einer Haltungsverbesserung nicht erst auf den Moment, wenn Ihr Arzt Sie zur Physiotherapie überweist. Nehmen Sie von heute an einige Male täglich Ihre Präsenzhaltung (siehe Seite 56) ein. Auch in banalen Alltagssituationen, an der Supermarktkassa, an der Bushaltestelle, im Sportstadion ...

Körperhaltung ist Ausdruck Ihrer Lebenshaltung. Eine angemessene Körperhaltung ermöglicht Ihrer Geisteswelt, Ihrem Seelenleben und Ihrem Körpergeschehen ein kraftvolles Miteinander, damit Sie sich voll entfalten können.

✶ Brustkorb

Sagen Sie voller Stolz und mit begleitender Geste »meine tollen Kinder« oder »mein tolles Haus«. Wohin zeigen Sie mit Ihrer Hand? Der Brustbereich ist der Bereich unserer positiven Ich-Identifikation. Wenn Sie mit Ihrer Hand bei den selben Sätzen zum Kopf zeigen, ändert sich die Bedeutung des Gesagten ganz gewaltig! Der Ich-Bereich will aufrecht getragen sein, um nach außen zu wirken.

✶ Arme

Vor allem die Oberarme müssen für das Atmen Raum geben. Wenn die Oberarme den Brustkorb einengen, wird die Bewegung der Arme und der Hände eingeschränkt. Zu eng anliegende Oberarme beengen. Die Unterarme vergrößern und verstärken die Hände im Raum. *Verschränkte Arme* gehören zu den meist zitierten Beispielen hinsichtlich Körperhaltung. Expertin Maria Thanhoffer: »Verschränkte Arme werden oft missgedeutet als Verschlossenheit. Grundsätzlich drücken Sie einfach eine momentane Handlungsunwilligkeit aus. Aufmerksame Zuhörer bei einem Vortrag müssen ja auch gerade nicht handeln. Missverständnisse tauchen dann auf, wenn Ihr Kommunikationspartner – meist unbewusst – Handlungsbereitschaft von Ihnen erwartet.«

✶ Schultern

Auch für die Schultern ist es wichtig, dass sie locker hängen. Wir ziehen die Schultern hoch, wenn Gefahr droht. Hochgezogene Schultern schützen den lebenswichtigen Halsbereich. Es genügt schon daran zu denken oder zu fühlen, dass uns jemand oder etwas »an den Kragen« will: Wir nehmen die Schultern hoch. Entspannte Schulter- und Nackenmuskulatur wirkt sich positiv auf den Kehlkopf (Tonproduktion) und seine Beweglichkeit aus. Schultern öfter untertags entspannen: mit einfachen Kreisbewegungen, langsamem Hochziehen und Senken, nach hinten und nach vorne zusammenziehen. Eine sehr verspannte Schultermuskulatur wirkt bis in die Hals- und Kehlkopfmuskulatur hinein und beeinflusst unter Umständen so die Stimmgebung negativ. Schultern oft massieren lassen – nicht nur bei akuten Verspannungen.

✶ Hände

Die meisten Sprecherinnen und Sprecher haben nicht die leiseste Idee, was Sie mit Ihren Händen tun sollen. Vor allem dann, wenn Sie keinen Stift, kein Moderationskärtchen, kein Sektglas, kein Manuskript, kein Rednerpult zum Anhalten haben.

Geben Sie so rasch wie möglich Ihre Hände beim Sprechen (wieder) frei!

Impulse und Bewegungen Ihrer Hände drücken aus, welchen inneren Bezug Sie zu Ihren Wörtern haben. Keine Gestik oder stark eingeschränkte Gestik heißt: wenig persönliches Erleben, wenig persönliche Beziehung zu dem, was Sie sagen. Hände drücken Ihre Handlungsbereitschaft aus. Gestik entwirft Bilder im Raum und schafft für den anderen eine räumliche Vorstellung vom Gesagten. Die Hände beschreiben. Damit beginnt im Kopf von Sprecher **und** Zuhörer eine klare Struktur. Die Botschaften sind bildhaft und damit deutlicher. Keine Sorge, Sie werden nicht fuchteln, so lange Sie auf Ihre Erdung achten. Wenn Sie gut stehen, passt Ihre Gestik immer zu Ihrer Persönlichkeit.

Startposition für alles Sprechen – auch wenn es sich anfangs noch so ungewohnt und eigenartig anfühlt – ist für beide Hände die Gürtellinie/Taillenhöhe: Handflächen nach oben drehen, lockere Faust andeuten, Handgelenk nicht knicken. Stellen Sie sich vor, Sie servieren Ihre Botschaften auf dem »Silbertablett«.

Niemand mag es, von »unterhalb der Gürtellinie« be**hand**elt zu werden. Hände in den Hosentaschen: Was Sie sagen, nehmen Sie selber nicht so wichtig. Warum sollte es also Ihr Gegenüber wichtig nehmen?

Die offene Handfläche kann sowohl geben als auch nehmen. Handteller nach oben wirken einladend. Sollten Sie die offene Handgestik nicht in Ihren bisherigen Bewegungsabläufen finden, ist es an der Zeit, diese durch Training ins Programm aufzunehmen. Erinnern Sie sich: bewusste äußere Haltung schafft innere Haltung.

Handbewegungen von oben nach unten sind dominante Bewegungen. Stimmführung von oben nach unten, Melodieverlauf mit hohem Beginn wird auch vom Gegenüber so gehört: »von oben herab« (siehe Kapitel IV.4).

Der Gestus bereitet die Melodie vor. Vor allem die Handbewegungen wirken stark auf die Dynamik Ihrer Sprache. Die Gestik wird im körperlichen Ablauf für den Bruchteil einer Sekunde früher wahrgenommen als der Ton. Die Intensität der Bewegung bringt Klang.

Übungen:

- Zählen Sie von eins bis zehn mit verschränkten Armen. Zählen Sie ein zweites Mal und nehmen Sie die Finger dazu. Sie werden entweder hören, dass sich Ihr Sprechtempo verringert, die Aufzählung melodischer, die Aussprache deutlicher ist oder Ihre Zahlenreihe ganz einfach lebendiger und einprägsamer klingt.
- »Ich mache Ihnen ein offenes Angebot.« Begleiten Sie diesen Probesatz beim ersten Mal mit einer Faust, ein zweites Mal mit dem ausgestreckten Zeigefinger und ein drittes Mal mit offener Handfläche nach oben. Erleben Sie die unterschiedliche emotionale Empfindung. Stimmig klingt die Aussage (»**offenes** Angebot«) nur mit der **offenen** Handfläche.

- ➲ Imitieren Sie einen Italiener. Dramatische Gestik bis in die Fingerspitzen! Keine noble Zurückhaltung. Sprechen/rufen Sie alle italienischen Ausdrücke, die Sie kennen. Pizzeria, Capuccino, Mammamia, Arrivederci, Venezia, Ciao ... Sind Sie nicht erstaunt, wie lebhaft Sie klingen können?
- ➲ Für den Fall, dass Sie zu jenen Menschen gehören, die von sich behaupten, Ihr gestisches Programm reiche nicht aus, um im Vortrag eingesetzt zu werden, möchte ich Ihre Selbstbeobachtung im normalen Alltag anregen. Im Kaffeehaus, im Supermarkt, beim Smalltalk. Auch Sie werden gewahr werden, wie vielfältig Ihre Körpersprache ist. Auch Sie setzen vermutlich Ihren Körper ein, wenn Sie der Kellnerin »Zahlen bitte« zurufen. Oder wenn Sie Ihre Lieblingsfußballmannschaft anfeuern.

✶ Kopf – Hals – Gesicht

Tragen Sie den Kopf gerade, stellen Sie sich vor, Sie tragen eine Krone. Nehmen Sie eine wirklich königliche Haltung ein: Nicht hochnäsig, dann fällt die Krone nach hinten. Nicht demütig, dann rutscht sie nach vorne. Eine aufrechte Kopfhaltung auf dem aufgerichteten Hals sorgt für optimale Beweglichkeit des Kehlkopfes und damit für die Tonproduktion. Wenn Sie beim Telefonieren den Hörer zwischen Schulter und Ohr einklemmen, hören Sie sofort, wie sich der Stimmklang verschlechtert. Eine balancierte Kopfhaltung ist die ideale Voraussetzung für Stimmerzeugung und Stimmformung.

Der Mund (Lautbildungsstation) nimmt auf. Nahrung genauso wie Gedanken. Zusammengepresste Lippen lassen nichts mehr hinein. In der Kommunikation sollten wir bestmöglich signalisieren, dass wir die Reaktion des Gegenübers hereinlassen. Beim Artikulieren ist wichtig, dass in den Pausen nach sinnerfassenden Einheiten, nach einzelnen Wörtern, die Ventilspannung sauber gelöst, also der Kiefer leicht geöffnet wird. Es entsteht die so genannte »kommunikative Mundöffnung«. Bemerkenswert ist, dass wenn Sie in unserem Sinne ökonomisch sprechen, Sie damit gleichzeitig ein positives Körpersignal setzen.

Übung:

➲ **Kommunikative Mundöffnung:** Öffnen Sie Ihre Kiefer so weit, dass die Kuppe des kleinen Fingers zwischen die Zahnreihen passt (nicht beißen!). Finger herausnehmen – die Zahnreihen bleiben geöffnet. Halten Sie diese Öffnung für einen Augenblick (siehe auch »Abspannen« im Kapitel Sprechatmung, Seite 64).

Der Eutonus: Vor Sprechbeginn soll sich Ihr Körper immer in einer lustvollen Grundspannung befinden. Denken Sie an ein Streichinstrument. Nur exakt gespannte Saiten klingen wohltönend. Schlaffheit und Unterspannung lassen Ihre Stimme eben auch schlaff klingen (»kein Drive in der Stimme«). Mit Verspannung und Überspannung klingen Sie leicht militärisch. Der Eutonus stellt sich automatisch immer dann ein, wenn Sie Ihre Achtsamkeit steigern. Die Muskeln werden tonisiert, mit mehr Strom versorgt, allein wenn Sie sich vor Sprechbeginn aufmerksam Ihrem Gesprächspartner zuwenden. Nehmen Sie auf Ihre ganz persönliche Art mit Ihrem Gegenüber Kontakt auf.

Als sehr hilfreich hat sich folgende Anleihe aus dem amerikanischen Showbusiness erwiesen: Mit einem Lächeln denken:

It´s my show – and I love you all.

Abbildung 7: Die Haltung der natürlichen Autorität

8. Das Gehirn

Das Ganze ist mehr als die Summe seiner Teile. Selbstverständlich brauchen wir während des Redens einen »Gesamtkoordinator«. Damit alle anderen im Team wissen, was zu tun ist, übernimmt unser Gehirn die Funktion der Schaltzentrale. Und das Gehirn kann bei seiner Leistung unterstützt werden:

Unsere Großhirnrinde. Es erscheint logisch, unsere Großhirnrinde während des Sprechens zu aktivieren. Hirnregionen werden durch Nervenimpulse angeregt. Es ist vielleicht auch für Sie faszinierend zu erfahren, wie ökonomisch Mutter Natur diesen Prozess gestaltet hat. Wo haben Sie auf Ihrer Hautoberfläche extrem viele Tastzellen? Wo sind Sie sehr sensibel? Richtig: Wir sprechen vom »**Fingerspitzengefühl**«. 4000 Informationsträger pro Fingerkuppe. Das macht ein Drittel aller neuronalen Impulse für die Hirnrinde aus. Ist nun einleuchtend, dass Sie während des Sprechens Ihre Gestik einsetzen müssen?!

Der zweite Bereich mit besonders vielen Rezeptoren ist die **Zungen- und Mundregion**. Bestimmt hatten Sie schon einmal ein Loch im Zahn. Bestimmt sind Sie mit der Zunge daran herumgefahren. Bestimmt haben Sie sich gedacht »Du liebe Güte, das ist ja ein Krater!« Wir nehmen auf der Zunge die wirklichen Ausmaße zehnfach vergrößert wahr. Ein weiteres Drittel der neuronalen Impulse kommen von hier. Ist nun einleuchtend, was bewegliche und lockere Artikulationswerkzeuge, was deutliches Sprechen mit effizienten Mundbewegungen für Ihr Gesamtsprechvermögen leisten?!

Das letzte Drittel der Großhirnrinde teilen sich alle restlichen Körperregionen. Die Impulse des kleinen Zehs, der Niere und der Haarwurzeln sind für unseren »Sprachkoordinator« also ungleich weniger wichtig ...

Eine wesentliche Rolle spielt die **geistige Einstellung**, mit der Sie sprechen. Im Idealfall begleitet uns während des Sprechens und der Stimmgebung die mentale Präsenz in allen Abläufen. Die passende seelisch-geistige Haltung ergänzt also Ihren Auftritt. Gewöhnen Sie sich an, in den fünf Sekunden vor Sprechbeginn jedes Mal sehr bewusst körperlich die Präsenzhaltung einzunehmen und sich ganz auf das Sprechen einzustellen. Was heißt denn, »hinter dem stehen, was man sagt«? Ganz in der Sprechgegenwart und in der Sprechabsicht sein. Glaubwürdigkeit des Ausdrucks, sympathische Wirkung, ansteckende Motivation, Bezaubern und Fesseln haben ihre Voraussetzungen in einer hohen körperlichen und geistigen Präsenz. Dazu eine Spur Gelassenheit. Das Zusammenwirken dieser Komponenten mobilisiert die **Intention**. Eine Leistung des zentralen Nervensystems. Sie besteht tatsächlich darin, während des Sprechens vieles gleichzeitig zu können. Sinnesempfindungen aufnehmen, Eindrücke und Informationen verarbeiten und kontrolliert darauf reagieren. Eine Art aufmerksamer Konzentration, die uns ermöglicht, ganz bei uns, ganz beim Gegenüber, ganz bei der Botschaft, ganz bei der Umgebung zu sein. Alle Sprech-Komponenten vereinen für das eine Ziel: überzeugend zu sprechen.

Übung:

➲ Schauen Sie Ihr Gegenüber an. Ob ein Hörer oder Zehntausende spielt keine Rolle. Denken Sie intensiv für sich einen dieser Sätze:

Ich hab mich so gut vorbereitet, wie ich konnte –
es liegt an Ihnen, mir zuzuhören!
Alles was ich kann – ist für Sie!
Ich spiele mit – und Sie spielen auch mit!

Toi toi toi, dann kann nichts mehr schief gehen.

Abbildung 8: Gute Körperhaltungen im Stehen

Auch im Sitzen gelten dieselben Grundregeln:

- Gute Erdung
- Gerade Wirbelsäule
- Solar plexus schützen

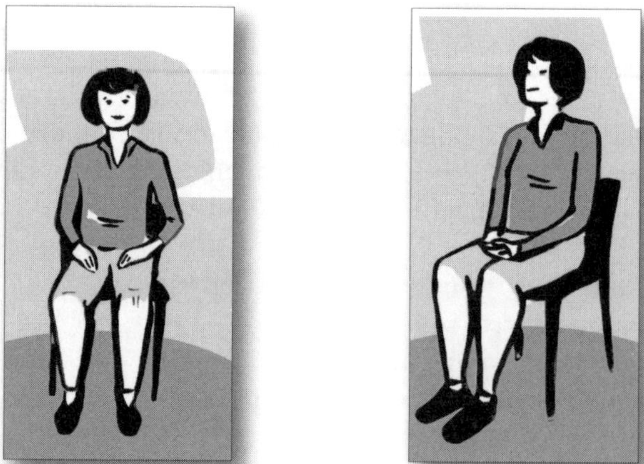

Abbildung 9: Gute Körperhaltungen im Sitzen

III. Lampenfieber

Ein Podium ist eine unbarmherzige Sache –
da steht der Mensch nackter als im Sonnenbad.

Kurt Tucholsky

Das Gehirn funktioniert von der Geburt an
wunderbar bis zu dem Moment,
in dem man eine Rede halten muss.

Gerhard Reichel, dt. Rhetorik-Trainer

Wo ist der Redner, der im Augenblick, da er spricht,
nicht gefühlt hätte, wie er am Anfang erblasst
und in seinem Inneren und an allen Gliedern zittert ...

Cicero

Es gibt ein merkwürdiges Phänomen, das bei den meisten Menschen auftaucht, wenn sie vor größerem oder kleinerem Kreis sprechen. Manchmal reicht schon der Gedanke daran. Das Phänomen zeigt sich in vielfältigen körperlichen, seelischen und geistigen Erscheinungen. Sie können gleich einmal ankreuzen, wie es sich bei Ihnen äußert:

- Kalte Hände/kalte Füße
- Hautfarbe: Erröten/Erblassen im Gesicht, hektische Flecken an Hals und Brust, rote Ohren, rote Nase usw.
- Übermäßiges Schwitzen/Stirnschweiß/nasse Hände
- Pulsrasen, Herzklopfen
- Kloß/Knödel im Hals

- Magendrücken/Bauchweh
- Harndrang/Stuhldrang
- Körperverspannung
- Unkontrollierte Gestik und Körpersprache: Zupfen an der Krawatte, Spielen mit Fingerringen oder Kugelschreiber, an die Nase greifen, durch die Haare streichen, Kleidung zurechtstreichen, Unterlagen mehrmals ordnen, von einem Fuß auf den andern treten, Nagelhaut oder Ohrläppchen zupfen, Wackeln und Wippen usw.
- Verlegenes und/oder verkrampftes Lächeln
- Starrer Blick mit weiten, großen Pupillen oder unsteter Blick ohne Blickkontakt zum Publikum
- Kurzatmigkeit, Atemlosigkeit, Schnaufen, Hecheln
- Fluchtgedanken/Selbstmordgedanken (»nichts wie weg«, »warum tue ich mir das an!«)
- Wie im Nebel herumgehen
- Räuspern
- Zittern und Knieschlottern, weiche Knie
- Das »eingesperrter Panther«-Syndrom: wie ein eingesperrtes Tier im Käfig herumgehen
- Eine Zigarette nach der anderen rauchen
- Trockener Mund
- Starkes Essbedürfnis oder nichts mehr essen können
- Angst vor Blamage, vor Niederlage, vor Kritik
- Blackout – Einsatz verpassen
- Monotone Sprechweise
- Stottern
- Ohrensausen
- Kichern

* Ohnmacht
* Erhöhter Speichelfluss
* Schwindel
* Stimme flattert
* Kiefersperre
* Blockade
* Zähneklappern
* Flauer Magen
* Tänzeln

Dass alle diese Symptome dem Stimmeinsatz nicht gerade förderlich sind, liegt nahe. Dementsprechend kommt die Stimme meistens auch unsicher, dünn, zittrig, höher als normal, manchmal krächzend oder brummelnd ... jedenfalls nicht klar, fest und deutlich! Stellen Sie sich vor, Sie gehen zum Arzt und schildern ihm etwa zehn der oben genannten Symptome: »Herr Doktor, ich weiß nicht, was mit mir los ist: Mein Herz rast, ich werde abwechselnd rot und blass, trage mich mit Selbstmordgedanken, habe wackelige Knie und ständig trockenen Mund ...« Es ist damit zu rechnen, dass er Ihre Symptome ernst nimmt. Sie wissen schon längst, was gemeint ist, wir sprechen vom Symptom des Lampenfiebers. Jener hochgradigen Übererregung, jener gespannten Nervosität, die viele unserer öffentlichen Auftritte begleitet.

Die schlechte Nachricht: Ganz ohne Lampenfieber werden Sie wohl kaum je auftreten. Sollten Sie gar nicht. 25 Prozent davon werden Sie auch weiterhin brauchen! Die gute Nachricht: Drei Viertel des Lampenfiebers werden Sie in Zukunft nicht mehr benötigen. Ersetzen Sie es durch folgende Informationen:

❶ Lampenfieber ist nicht tödlich!

Sie sind der lebende Beweis dafür: Sie haben alle Ihre bisherigen Lampenfieber-Situationen überlebt. Sonst wären Sie nicht da. Sie können also davon ausgehen, dass Sie ruhig weiterreden können und daran nicht sterben. Ich gebe Ihnen Recht, es ist nicht gerade ein angenehmer Zustand, wir werden etwas dagegen tun.

❷ Lampenfieber dauert nicht ewig.

Irgendwann hört es auf. Bei den wenigsten Menschen erst dann, wenn ihr Vortrag zu Ende ist. Die entscheidende Frage ist, ob Sie wissen, wann bei Ihnen das Lampenfieber aufhört. Bevor Sie das erste Wort sagen? Nach den ersten drei Sätzen? Nach zwei Minuten? Flackert es gelegentlich zwischendurch wieder auf? Wenn Sie diese Fragen nicht präzise beantworten können, ahnen Sie sicher, was zu tun ist: Ihre nächsten 20 Auftritte sollen Sie dazu nützen, Ihr individuelles Lampenfieber sehr genau kennenzulernen. Was man kennt, kann man besser zähmen.
Welche Symptome treten bei Ihnen in welcher Reihenfolge vor welchem Publikum auf?
Wenn Sie vor Freunden reden, werden Sie vielleicht nur feuchte Hände haben. Wenn Ihre obersten drei Chefs im Publikum sitzen, haben Sie wahrscheinlich Alarmstufe ROT. Vielleicht aber auch nicht. Und das müssen Sie herausfinden, um daraus Sicherheit zu gewinnen. Denn:

❸ Lampenfieber überträgt sich niemals hundertprozentig.

Erfahrungsgemäß nimmt das Publikum Ihr Lampenfieber nur zu einem Bruchteil wahr. Bestimmt kennen Sie Situationen, in denen Sie sich »soooo furchtbar« nervös gefühlt haben. Und mehrere Anwesende melden zurück: »Das hat man dir aber gaaar nicht angemerkt!« Ich habe mir eine innere Lampenfieber-Skala zugelegt. Von 0 bis 10. Vor jedem Auftritt mache ich einen Check: Wie fiebrig bin ich heute? Bei Stufe 8 zum Beispiel halbiere ich – im Vertrauen darauf, dass sicherlich nur die Hälfte übertragen wird. Und mit vier Lampenfieber-Punkten – weniger als die Hälfte! – kann ich locker leben.
Und glauben Sie nicht, dass Profis nie Lampenfieber haben.

Denn:

❹ Lampenfieber haben andere auch.

80% aller Führungskräfte empfinden es. Unzählige Anekdoten in Schauspielerbiografien belegen, dass selbst die Größten der Großen Lampenfieber sehr genau kennen. Von Yul Brunner wird berichtet, er habe sich vor jeder Theateraufführung mit beiden Händen an der Wand abstützen müssen, weil er so gezittert hat. Ein Schritt auf die Bühne – und weg war es! Und wenn Sie die nächsten paar Male in Vorträgen oder Theateraufführungen sitzen, beobachten Sie einmal (liebevoll!), ob Sie die Anzeichen von Lampenfieber bei den Menschen »draußen« erkennen können.

❺ Lampenfieber ist zum Teil erlernte Angst.

Kinder haben es meistens nicht. Im Gegenteil. Sie haben eine natürliche Freude daran, sich zu zeigen, sich darzustellen, vor anderen Theater zu spielen, zu singen, Geschichten zu erzählen ... In unseren Breitengraden wird diese natürliche Freude sehr oft Schritt um Schritt durch Angst ersetzt. Es beginnt in der Schule: Vorlesen, bis man einen Fehler macht. Die Aufmerksamkeit wird schon hier auf das Scheitern gelegt. Beim Gedicht oder der Theateraufführung nur nicht hängenbleiben! Die anwesenden Onkel, Tanten, Großmütter merken sich den Hänger sicher. Ellenlange Balladen auswendig lernen. Referate halten zu Themen, die außer die Lehrperson keinen in der Klasse interessieren ... Die Freude am eigenen Auftreten ist weg. Spätestens, wenn man erwachsen ist. Und ohne eigenes Zutun kehrt sie nicht wieder. Erfreulicherweise können wir bei jeder Video- oder Tonbandaufnahme wieder nach längst verschütteten Ressourcen graben. Gestatten Sie mir folgenden Vergleich: Welches Gefühl löst bei Ihnen der Reiz »Spinne« aus? Ekel, Neutralität oder Bewunderung? Gehen Sie auf die Spinne zu oder schrecken Sie zurück? Wie auch immer, stellen Sie sich vor, Sie wären als Kind eines Biologieprofessors geboren. Ziemlich sicher gingen Sie mit leb-

haftem Interesse, mit einer Lupe in der Hand und in Begleitung sämtlicher Familienmitglieder **auf** die Spinne **zu**. Diese Reaktion auf die Spinne haben Sie gesehen und gelernt. Genau so haben Sie gesehen, erlebt und gelernt, den Reiz »vor anderen reden« positiv oder negativ zu beantworten. Und die meisten ziehen die Flucht vor, bis sie es wieder anders gelernt haben.
So wie Kinder im skandinavischen und anglo-amerikanischen Sprachraum. Die lernen öfter, dass es Spaß macht, sich vor anderen zu zeigen (It's my show!). Und sie haben gelernt, dass es auch Spaß macht, wohlwollendes Publikum zu sein (It's his/her show!). Das trägt sicher zu höherem Selbstbewusstsein bei.

❻ Ein bisschen Lampenfieber verhindert garantiert Arroganz.

Das ist nicht das einzig Positive am Rest Lampenfieber, den Sie jetzt noch haben.

❼ Lampenfieber erhöht Ihre Konzentration.

Es spornt Sie dadurch zu Höchstleistungen an. Es gibt keine spannungsgeladenere Aufführung als die Premiere. Es mag nicht die beste sein, aber mit Sicherheit eine, bei der Sie nichts vergessen.

❽ Lampenfieber ist der zündende Funke zum Publikum.

Sie haben vermutlich eine ähnliche Erfahrung. Das Lampenfieber hält Sie so lange ganz wach, bis Sie das Gefühl haben, mit dem Publikum im Kontakt zu sein. Sie nehmen sehr genau wahr, ob da noch »die Wand« ist, ob schon jemand gelächelt hat, ob der erste Witz ankam, ob der Dialog mit dem Publikum schon im Gange ist. Ganz ohne Lampenfieber stellt sich oft eine Art Gleichgültigkeit ein. Mancher Redner ignoriert das Auditorium. Sie halten Monologe, die nicht dazu geeignet sind, dem Publikum Wertschätzung zu übermitteln. Gute Reden bringen aber Inhalt und Wertschätzung »rüber«.

❾ Schließlich und endlich kennen Sie Lampenfieber sehr, sehr gut.

In einer gewissen anderen Situation haben Sie ähnliche Symptome (vielleicht schon vor langer, langer Zeit) gespürt. Die haben Sie nicht davon abgehalten, zur Tat zu schreiten. Schmetterlinge im Bauch und Herzklopfen gehören für viele von uns zum ersten Rendezvous. Sie wären sicher nie auf die Idee gekommen, wegen weicher Knie nicht hinzugehen. Der Schluss daraus: Sie haben Lampenfieber und Sie reden trotzdem. Auch wenn Sie nicht genau wissen, wie die Sache ausgeht. Wie beim Rendezvous. Es kann die Liebe fürs Leben werden oder auch nur ein netter Abend. Mit derselben Einstellung können Sie in Zukunft sprechen. Es kann ein fulminantes Ereignis werden oder einfach nur ein Statement der oberen Mittelklasse. Wenn Sie hingehen, werden Sie es herausfinden.

Lampenfieber ist ein Zustand, den man mit guter Vorbereitung und einer entsprechenden geistigen Einstellung bewältigen kann. Je öfter Sie reden, desto besser können Sie damit umgehen.

Ganz anders ist das mit so genannten **Rede-Blockaden**. Die können Sie dauerhaft und hartnäckig dazu veranlassen, den Mund in Gegenwart anderer Leute nicht aufzumachen. Psychologen würden sagen: »Traumatische Erfahrungen aus Ihrer Vergangenheit ließen Sie die Entscheidung treffen: Ich sage nichts mehr!«

»Kinder reden nur, wenn sie gefragt werden.« »Mädchen reden leise und sittsam.« »Kinder haben keine Stimme.« »Sei doch nicht so laut.« »Erst reden die Erwachsenen« ... Wenn Ihnen, durchaus wohlwollende Großmütter, Onkel und Eltern solche Sätze in die Ohren gelegt haben, vergeht Ihnen die Lust am Reden.

»Du keifst so.« »Du schreist so.« »Du klingst wirklich hysterisch.« »Du murmelst immer in deinen Bart.« »Deine Stimme tut mir in den Ohren weh.« »Du klingst so unsicher.« Solche Sätze aus dem Mund des Partners/der Partnerin sind nicht gerade hilfreich für einen strahlenden Auftritt mit fester Stimme.

Rede-Blockaden entstehen auch so: Sie tragen in der Jugend eine

Zahnspange, genieren sich innerlich dafür, wollen Sie vor der Umwelt möglichst verbergen, indem Sie den Mund wenig bewegen! Ihre gesamte Umgebung sagt aber ständig: »Kind mach doch den Mund auf!«

Wenn Sie eine ähnliche Rede-Blockade bei sich entdecken, ermuntere ich Sie dazu, diese schleunigst dorthin zu tun, wo sie hingehört, nämlich in Ihre Vergangenheit. Scheuen Sie sich nicht, Hilfe zu holen, z. B. drei Stunden bei einem guten Psychologen. Vielleicht müssen Sie einige Male kräftig alleine weinen oder wüten über die Kränkungen, die Sie damals erlitten haben. Wenn der Zeitpunkt reif ist, treffen Sie für Ihre Zukunft eine neue Entscheidung: angemessen laut, deutlich, kraftvoll und lustvoll zu sprechen. Dann wird Ihrem Lernprozess in diese Richtung nichts im Wege stehen.

Praxistipps:

✶ Lampenfieber kurz zugeben, aber nicht die eigene Leistung herunterspielen. Innerlich wissen Sie selber ganz genau, dass so ein Satz nur Sie selber beruhigen soll. Außerdem ist es eine Zumutung fürs Publikum, gleichsam mit der Erwähnung des Lampenfiebers eine etwaige zweitklassige Leistung anzukündigen.

So oder ähnlich können Sie unbeschadet formulieren:

Sehr geehrte Damen und Herren, mir ist sichtlich etwas heiß geworden, dass nun ich Ihnen diesen Vortrag halten soll, aber ich nehme die Herausforderung an.

Wenn Sie unvermutet einspringen müssen:

Meine sehr geehrten Damen und Herren, Sie werden sicher überrascht sein, dass ***ich*** *diesen Vortrag halte, eine Überraschung war's auch für mich. Es freut mich jedoch sehr, Sie begrüßen zu dürfen.*

Meine Damen und Herren, obwohl mir mein Herz bis zum Hals schlägt und meine Hände zittrig sind, möchte ich Ihnen meinen Vortrag nicht vorenthalten.

Guten Morgen meine Damen und Herren, ich möchte Sie zum heutigen Workshop sehr herzlich begrüßen. Mein Herz springt zwar vor Aufregung hin und her. Mein Vortrag wird weniger sprunghaft sein, denn es geht heute um das interessante Thema XYZ.

Meine Damen und Herren, noch ist mein Adrenalinspiegel relativ hoch, aber nichts desto trotz freue ich mich, diesen durch das herausfordernde Thema zu senken.

Sehr geehrte Damen und Herren, ich glaube Sie können mir heute meine Nervosität ansehen, da es meine Rede-Premiere zu diesem Thema ist. Das Thema selbst beschäftigt mich und meine Studien schon seit vielen Jahren.

✶ Extrovertiertheit üben: Trainieren Sie mit dem Deklamieren von Gedichten, von »kunstvoller« Sprache jenen Teil in Ihnen, der ganz offen Lust daran empfindet, anderen Mensch etwas zu erzählen, auch im größeren Rahmen. Schließlich ist – eine mehr oder weniger heimliche – Lust dabei, sich anderen zu zeigen. Wer sie abstreitet, fürchtet sich vermutlich davor. Es macht Spaß, von anderen gesehen und gehört zu werden und von anderen Applaus zu bekommen. Es ist ein aufregendes Gefühl, manches Mal im Rampenlicht zu stehen. Es gibt den Star in uns. Meine Ermunterung heißt: Lassen Sie Ihren Star ein bisschen mehr raus als bisher. Sie brauchen ihn dringend auf der Bühne. Haken Sie ihn links unter. Gehen Sie hinaus. Er unterstützt Sie mit dem starken Gefühl: »Wer – wenn nicht ich – sollte das, was zu sagen ist, den Leuten sagen?« Keine Sorge, auf der rechten Seite ist sowieso Ihr Lampenfieber-Teil untergehakt und stöhnt:

»Um Himmels willen – ich doch nicht!« Die beiden gemeinsam sind eine gesunde Mischung und garantieren erfolgreiche Auftritte!

IV. Stimmführung – Aussagengestaltung

Sprechmelodische Gestaltung (Intonation)

Gehen wir davon aus, dass Sie Ihre Wortmeldungen für den Zuhörer spannend, reizvoll, abwechslungsreich, lebhaft, informativ, leicht erfassbar gestalten wollen. Einigen wir uns darauf, dass Sie Monotonie tunlichst vermeiden. Nichts lenkt die Zuhörer von Ihren Gedankengängen so sehr ab wie monotones Sprechen. Monotonie heißt dem Wort nach *ein*-tönig. Immer nur ein Ton. Immer nur dasselbe. Ohne Wechsel. Ohne Abwechslung.

Beobachtungen der Wissenschaft belegen, dass Menschen mit ihrer linken Gehirnhälfte Wörter und Aussagen kritisch analysieren. Unsere Reaktionen werden dort verstandesmäßig überprüft. Die rechte Gehirnhälfte hingegen nimmt bei Gesprochenem und Gehörtem vielmehr zuerst die Stimmung wahr, in der etwas gesagt wird. Hier geschieht eine gefühlsmäßige Einschätzung der Botschaft. Daraus folgt: Wenn Sie Verstand *und* Gefühl Ihres Gegenübers ansprechen wollen, müssen Sie auch dessen rechte Gehirnhälfte aktivieren. Das geschieht allein durch die Modulation der Stimme. Mit Monotonie erreichen wir maximal die linke Hälfte. Mit rhythmischer und gefühlsbetonter Sprechweise bekommen wir Zugang zur rechten Hälfte. Nun wissen Sie selbst, dass ein spannender Vortrag, eine interessante Wortmeldung nicht monoton sein darf. Oder umgekehrt: Monotonie schläfert ein, Abwechslung spricht an! Eine melodische und dynamische Sprechweise ist das Gegenteil von monoton – polyphon, multiphon, vieltönig, abwechslungs-*reich*.

Alles, was Sie neu dazu lernen, soll Ihre Möglichkeiten erweitern. Eintöniges Sprechen hat durchaus seine Berechtigung. Wir verwenden es, wenn durch bewusste Monotonie eine Art Gedankenleere entstehen soll. In vielen Kulturen der Welt werden Gebete, Chorgesänge ganz bewusst mit wenig Abwechslung, mit stetiger Wiederholung gesprochen (Rosenkranz, Gebetsschnüre). Der Zweck ist natürlich ein ganz anderer. Beim spannenden, fesselnden Präsentieren ist Monotonie fehl am Platz.

Abwechslungsreich. Was können und sollen Sie wechseln? Die folgenden fünf Grundparameter ermöglichen Ihnen bereits ein breites Spektrum. Reich bedeutet in diesem Fall, dass Sie den Wechsel oft vollziehen.

- Pause: Sprechen und Schweigen
- Akzente: betont und unbetont
- Tempo: rasch und langsam
- Höhe: Stimmführung nach oben und nach unten
- Lautstärke: laut und leise

1. Pause: Sprechen und Schweigen

Für das geschriebene Wort gelten Rechtschreib- und Grammatikregeln. Wir sprechen aber anders als wir schreiben. Also gilt es, die Gesetzmäßigkeiten gesprochener Aussagen kennen zu lernen. Wir nähern uns dem Gestalten von **gesprochenem** Wort mit folgender Grundinformation: Wir sprechen eigentlich nicht in Hauptsätzen und Nebensätzen. Punkte, Beistriche, Rufzeichen, Strichpunkte, selbst Fragezeichen sind nicht eindeutig hörbar. Deswegen muss man z. B. beim Diktieren ja auch meistens die Satzzeichen mitdiktieren. Sie dienen eben dem geschriebenen Wort, dem Schriftsatz. Ohne den Deutschunterricht an den Schulen angreifen zu wollen, bleibt mit Beginn des Rechtschreibunterrichtes sehr oft das Sprechen auf der Strecke. Es ist eine unglaubliche Verstandesleistung jedes kleinen Menschen, zu erlernen, dass die geschriebenen Buchstaben etwas mit den Lauten zu tun haben, die man hörbar macht. Und ich kenne bis heute keine Methode, die das sinnvoll vermitteln würde. Vielleicht erinnern Sie sich an Ihre eigene Geschichte.

Mimi spielt mit ihrer Oma im Garten.

Sie stimmen mir wahrscheinlich zu: Wenn Sie wie ein Schulanfänger mit dem Finger die Zeile entlang fahren und sozusagen eine erste laute Leseübung machen, dann hat das mit Sprechen nichts zu tun. Es ist allerhöchstens »buchstaben-erkennendes Lauten«. Nun werden Sie in einem zweiten Durchgang auf den Punkt besonders hingewiesen. Sie erfahren zum ersten Mal, dass der Punkt bedeutet, die Stimme abzusenken, Schluss zu machen. Man könnte das auch als ersten sprechtechnischen Hinweis bezeichnen. Wenn Sie nie wieder andere, zusätzliche Hinweise bekommen, kann es leicht sein, dass Sie Ihre weitere sprechtechnische Zukunft damit verbringen, das letzte Wort vor dem Punkt tiefer zu setzen. Vor allem dann, wenn Sie eine Rede aufschreiben und herunterlesen.

Hörbeispiel 👂 *Cut* ⑩

Kommen Ihnen solche Töne aus dem öffentlichen Raum bekannt vor:
Einen wunderschönen guten Abend meine sehr geehrten Damen und Herren.
Wir freuen uns sehr dass Sie alle zur Eröffnung der neuen Turnhalle gekommen sind.
Wir freuen uns so viele Vertreter der Presse bei uns begrüßen zu dürfen.
Wir bitten den Herrn Minister nun offiziell die Halle ihrer Bestimmung zu übergeben.

Möglicherweise gibt die Lehrkraft auch noch den fatalen Hinweis, dass man beim Punkt Luft holen könne. Als kluges Kind schließen wir daraus, dass die eingeatmete Luft wohl wie weit reichen muss? Natürlich bis zum nächsten Punkt. Das geht so lange gut, so lange die Sätze so kurz sind wie im Lesebuch. Spätestens bei Peter Handke und Thomas Mann wird die Luft zu knapp, auch die vorhandenen Beistriche reichen nicht. Lösen Sie sich endgültig von dem Gedanken, dass Ihnen *Schrift*zeichen viel über das Sprechen sagen können. Über die Atemversorgung müssen Sie sich keine Gedanken machen (siehe Atemkapitel, Seite 64). Und stressen Sie sich nicht länger unnötig, weil Sie druckreif sprechen wollen. Es funktioniert besser ganz anders.

1.1 Sprechen: Sinnerfassende Informationseinheiten (Info-Zellen)

Mimi spielt mit ihrer Oma im Garten.

Dieser Probesatz besteht bei näherem Hinhören aus drei Puzzlesteinen. Denken Sie nicht grammatikalisch (wer macht was wo?). Stellen Sie sich eher eine Kamera vor, die den Ablauf dieses Satzes zeigt. Dann ergeben sich folgende Bildszenen.

Mimi // spielt mit ihrer Oma // im Garten //

Die zeitlich nacheinander an den Hörer gelieferten Informationseinheiten werden mit einer kleinen Pause voneinander getrennt. Gegenprobe: Wenn Sie die Pausen willkürlich irgendwo setzen, verlieren die einzelnen Info-Zellen (Phrasen) ihren Sinn.

Mimi spielt mit // ihrer Oma im // Garten //

Solche Info-Zellen werden in der freien Rede Stück für Stück, Einheit für Einheit aneinander gereiht. Wenn Sie erst wieder das Gefühl dafür entdeckt haben, liefert Ihr Gehirn nur mehr Info-Zellen, Ihr Mund kann diese leicht aussprechen, Ihre Hörer können die kleinen Häppchen besser verarbeiten. Luftprobleme gibt es auch keine mehr, denn Sie legen diese Häppchen gleichsam »auf Ihren Atem drauf« – wie Waren aufs Förderband im Supermarkt. Einem guten Redner können Sie auf seinem gedanklichen Weg Schritt für Schritt mühelos folgen.

Hörbeispiel 👂 *Cut* ⓫

Einem guten Redner // können Sie auf seinem gedanklichen Weg // Schritt für Schritt // mühelos folgen.

Der guten Ordnung halber möchte ich erwähnen, dass Sie nicht krampfhaft Ihre Info-Zellen auf drei Wörter reduzieren müssen. In der Praxis bewährt sich die Faustregel: maximal zehn Wörter pro Info-Zelle. Einwortinfo-Zellen bestehen aus Namensbezeichnungen, Ortsangaben etc., in den seltensten Fällen aus Füllwörtern wie allerdings, zumeist, außer, öfter, deswegen etc.

1.2 Schweigen: Die eigentliche Pause

Es ist eine merkwürdige Tatsache, dass viele RednerInnen große Angst haben, Pausen einzulegen. Sie haben Angst, in der Pause unterbrochen zu werden. Angst, die Aufmerksamkeit der Zuhörer in der Pause zu verlieren. Angst vor dem Moment der Ruhe in der Pause. Angst vor der Spannung, die in jeder Pause entsteht. Angst, durch die Pause Zeit zu verlieren und nicht alles unterbringen zu können.

In Wirklichkeit verhält es sich anders: Die Pause in einem Redefluss gibt dem Zuhörer die Möglichkeit, sich mit dem Gehörten gedanklich auseinanderzusetzen. Die Pause **nach** dem Wort, nach einer sinnerfassenden Einheit, heißt **Wirkungspause**. Ihnen selber kommt die Pause oft länger vor, als die neuronale Verarbeitung beim Zuhörer dauert. Tatsache ist, wenn Sie Ihrem Publikum nicht genügend Zeit einräumen, hat Ihre Rede keine Wirkung, weil es nicht mitdenken kann. Der Nervenimpuls vom Ohr ins Gehirn braucht seine Zeit. Wenn Sie nach einem Gedanken die Zeit zum Nachdenken geben, stellt sich in Ihrem Zuhörer ein Gefühl von Entspannung ein. In dieser minimalen Entspannungspause wendet er sich – gedanklich und mit dem Ohr – Ihrem nächsten Satz zu. Er ist gespannt, was noch kommt. Die Pause vor einem Wort, vor einer sinnerfassenden Einheit, nennt man demnach die **Spannungspause**.

Hörbeispiel *Cut* ⓬

Einen schönen guten Abend // meine sehr geehrten Damen und Herren // ich begrüße Sie sehr herzlich // bei unserer Veranstaltung.
(mit deutlichen Pausen gesprochen)

Ziel einer gekonnten Pausentechnik ist es einerseits, Spannung aufzubauen, das heißt, als Redner auch aushalten zu lernen. Andererseits sich zu vergewissern, z. B. mit einem Blick ins Publikum, dass das Gesagte auch »sitzt«.

Eine wirkungsvolle Pause ist etwas ganz anderes als ein »Loch« im Redefluss. In einer Pause bleiben die Zuhörer dran (die berühmte Stecknadel, die man fallen hören kann). Bei einem »Loch« wandert die Aufmerksamkeit der Zuhörer ab, sie beschäftigen sich mit anderen Dingen (Unruhe im Saal).

Nicht zuletzt gibt die Pause auch dem Sprecher die Möglichkeit, innezuhalten und weiterzudenken. Stets rechtzeitig Atem kommen zu lassen und sich aus dieser Ruhe auf den nächsten Gedanken zu konzentrieren.

Eine gute Pausentechnik unterstützt rhythmisches und ökonomisches Atmen und umgekehrt. Ich möchte es an dieser Stelle ganz deutlich machen. Atem kommt in der Pause. Wenn Sie keine Pausen machen, tanken Sie nicht rechtzeitig nach. Dann wird Ihnen mit Sicherheit an der falschen Stelle die Luft ausgehen. Und diese vom Atem erzwungene Pause erfolgt meist an unsinniger Stelle – vergleichbar einer abrupten Schnellbremsung – und irritiert den Zuhörer. Das erzwungene Ein-Atmen ist meist auch nicht besonders geräuscharm. Es gleicht mehr einem hastigen nach Luft Schnappen.

Aus dem positiven Zusammenspiel von Pause und Atmung ergibt sich, dass viele Übungen beide Komponenten vereinen.

Übung:

➲ Über einen »Kunstgriff« lernen Sie (wieder) ein Gefühl für Pausen zu entwickeln. Nehmen Sie den bereits bekannten Probesatz aus diesem Kapitel und machen Sie die Pause hörbar und fühlbar. Sprechen Sie den Satz vor einem imaginären Publikum. Und bei den Pausenzeichen (Doppelstrich //) schnippen Sie mit den Fingern in Richtung Ihres Publikums.

Mimi // spielt mit ihrer Oma // im Garten //

also:

Mimi *-schnippen-* ***spielt mit ihrer Oma*** *-schnippen-* ***im Garten*** *-schnippen*

Nächster Probelauf.

Bei // sagen Sie diesmal ein energisches »ZACK«. Natürlich wieder zum Publikum gerichtet.

Mimi // spielt mit ihrer Oma // im Garten //

also:

Mimi ZACK ***spielt mit ihrer Oma*** ZACK ***im Garten*** ZACK

Beobachten Sie, wie Ihr Körper in einer Zuwendungshaltung bleibt und Sie damit auch in der Pause im Kontakt mit dem Gegenüber stehen.

So, jetzt der Finaldurchgang.

Das ZACK wird jetzt nur mehr im Kopf gedacht, die zugewendete Körperhaltung und der Körpertonus werden beibehalten.

Mimi spielt mit ihrer Oma im Garten.

Eine so gestaltete Pause ist ein Sammelpunkt von verschiedenen Ereignissen. Dieser unhörbare Moment ist ein unverzichtbarer Bestandteil der dialogorientierten Kommunikation.
Im Alltag finden sich Probesätze überall – der erste Satz von einer E-Mail, die Schlagzeile der Tageszeitung ... Und immer drei Durchgänge.

2. Akzentuierung: betont und unbetont

2.1 Rhythmus

Zählen Sie von eins bis sechs im gemäßigten Tempo und alle Ziffern gleich gewichtet.

eins zwei drei vier fünf sechs

Beim zweiten Mal setzen Sie zwei Akzente – und zwar auf eins und vier.

eins zwei drei **vier** fünf sechs

Und das Ganze mehrmals hintereinander und mit Schwung: Es entsteht ein Rhythmus. Durch die Akzentuierung entsteht ein Dreivierteltakt. Selbst ohne Melodie haben Sie das Gesagte durch Akzente bereits gegliedert. Es wird damit leichter verständlich. Rhythmus ist für uns als Menschen von grundlegender Bedeutung. Vieles in unserem Leben wechselt sich rhythmisch ab. Ein- und Ausatmen, Wachsein und Schlafen, Bewegen und Ruhen, Arbeiten und Erholen. Wir benützen Rhythmus, um Mühevolles zu erleichtern, um in Schwung zu kommen oder zu bleiben: Rudern, Marschieren, Schunkeln, Aufschaukeln ... Um Ihre Zuhörer »aufzuschaukeln«, ist es hilfreich, das Gefühl für Rhythmus und Takt zu trainieren.

Übungen:

- Stärken Sie Ihr Gefühl für Rhythmus und Takt. Hören Sie verschiedenste Arten von Musik und versuchen Sie mit dem Fuß, mit der Hand, mit dem ganzen Körper, mit dem Kugelschreiber oder Lineal den Rhythmus mitzuklopfen, mitzuklatschen, mitzustampfen. Halten Sie die rhythmische Körperbewegung (es kann auch Schnalzen mit der Zunge sein) etwa 15 Sekunden durch.

➲ Rhythmisches Ballprellen. Prellen Sie einen Ball auf den Boden in einem von Ihnen gewählten Rhythmus. Exakt in dem Moment, da der Ball am Boden aufspringt, sagen Sie mit mittlerer Lautstärke »Hopp«.

➲ Pausen setzen mit besonders rhythmischen Liedern oder Gedichten. Nehmen Sie eine Zeile von einem stark rhythmischen Gedicht oder Lied, sprechen Sie die Zeile mehrmals laut und halten Sie ganz besonders deutliche Pausen. Länger als Sie sie normal halten würden.

2.2 Sinngebung

Nicht alles, was Sie sagen, ist gleich wichtig. Betonen heißt, in Ihrer Rede einzelne Wörter oder Wortgruppen hervorzuheben. In einem geschriebenen Text machen Sie das meist automatisch über Fettdruck, Kursivdruck, Unterstreichungen, Überschriften usw. Im Prinzip kann man genau so sprechen, nämlich **dick** und **fett** und **breit** – und dann wieder beiläufig.

Hörbeispiel 👂 *Cut* ⓭

*Manches **dick** und **fett** und **breit** // und manches beiläufig. **Abschlussbericht, Erfolgsbilanz und Kundenstatistik** // das sind unsere heutigen Tagesordnungspunkte.*

Zum **Einüben** deutlicher Betonung versuchen Sie **Folgendes**. (Sie üben natürlich wie immer laut.) Das fett gedruckte Wort ist gleichsam der **Solist**. Sie sprechen es besonders **deutlich, lauter, langsa-**

mer, mit deutlichen Pausen **vorher** und **nachher**. Und Sie begleiten es mit einer **deutlichen Handgeste**, als ob Sie zum Beispiel einen imaginären Ziegelstein auf einen Tisch stellen.

Hörbeispiel 👂 *Cut* ⓮

Willst *// du mich heiraten?*
Willst // ***du*** *// mich heiraten?*
Willst du // ***mich*** *// heiraten?*
Willst du mich // ***heiraten****?*

Wenn Sie das deutlich und mehrmals hintereinander laut sprechen, hören und entdecken Sie, dass sich mit der jeweiligen Betonung auch der Satzinhalt, die **Bedeutung des Gesagten** ändert. Und wie! Als ob Sie vier verschiedene Sätze sprechen. Be-tonung heißt Bedeutung geben, bewerten. Heißt für den Zuhörer **klar** zu machen, was für Sie **wichtig** ist. Denn die fett gedruckten Wörter merkt sich Ihr Zuhörer leichter.

Betonung macht Botschaften so **eindeutig** wie möglich. Wenn Ihrer Rede die richtige Betonung fehlt, dann ist dadurch Mehrdeutigkeit Tür und Tor geöffnet. Ihr Zuhörer wird Ihre Rede so interpretieren wie **er** möchte und nicht wie **Sie** möchten. Eine unstrukturierte Schreibmaschinenseite, in der es keine Absätze und Unterstreichungen gibt, ist nicht besonders attraktiv zu lesen, geschweige denn zu merken. Monoton und wenig einprägsam ist Gesagtes ohne Betonungen. Es wirkt ziemlich sinn- und bedeutungslos.

Kommunikative Missverständnisse entstehen oft dadurch, dass Redner nur **glauben**, sie hätten richtig betont. Zu überprüfen ist das daran, dass sich die meisten Zuhörer eine ganz andere Wortgruppe eingeprägt haben. Üben Sie das Stilmittel »Betonung« deshalb bitte wirklich übertrieben und überdeutlich.

Das Gegenteil gibt es natürlich auch: Viele Sprecher halten alle ihre Wörter für besonders wichtig, und können sich nicht entscheiden, einzelne Info-Zellen beiläufig zu gestalten.

Beiläufig = etwas schneller, weniger intensiv, ohne große Höhen und Tiefen, in einem durch.

Was geschieht aber in einem Text, wenn Sie jedes Wort fett drucken? Dann ist wieder überhaupt nichts wichtig. Bedenken Sie, meistens gibt es viel mehr Chorsänger als Solisten. Also überlegen Sie gut, welche Wörter Ihnen wirklich wichtig sind.

Die Fortgeschrittenen unterscheiden dann nicht nur zwischen fett und beiläufig, sie haben auch »Grautöne« drauf. In der Fachsprache spricht man von Hauptakzent und Nebenakzenten. Für überwiegend sachliche Äußerungen lässt sich die Akzentuierung sogar ziemlich eindeutig festlegen. Eine Grundregel beispielsweise: Artikel, Präpositionen und Konjunktionen werden nicht betont. In stark eindringlichen, emotionalen Äußerungen kann hingegen jedes Wort »fett gesprochen« werden, das Sie wollen. Sinngebende Betonung sorgt in jedem Fall für eine ansprechende Dynamik im gesprochenen Wort.

Nicht zu verwechseln ist diese sinngebende Akzentuierung mit dem so genannten pseudo-dynamischen Stil, den uns Radio und Fernsehen derzeit täglich ins Haus liefern. Diese Redeweise ist gekennzeichnet durch das systematische und überflüssige Betonen der unwesentlichen Wörter. Ein gutes Beispiel sind Wetterberichte und Sportreportagen:

Hörbeispiel 👂 *Cut* ⓯

In *der Nacht auf heute wandert* ***ein*** *Tief* ***über*** *die Alpen zu uns.* ***Es*** *bringt Regenschauer* ***und*** *fallende Temperaturen.* ***Diese*** *erreichen morgen* ***nur*** *10 Grad.* ***Die*** *Sonne* ***zeigt*** *sich spärlich.* ***An*** *dieser Großwetterlage ändert* ***sich*** *nichts* ***in*** *den nächsten drei Tagen.*

Mit *diesem Sieg* ***in*** *der Katamaranklasse* ***katapultiert*** *sich* ***Karl*** *Kofler* ***in*** *der Weltrangliste* ***auf*** *Rang fünf.*

Dies klingt zwar recht dynamisch und »actionreich«. Und hat durchaus unterhaltsamen Wert. Als Präsentator können Sie mit dieser unsinnigen Akzentuierung Ihren Inhalt nicht übermitteln. Gehen Sie davon aus, die betonten Wörter merkt sich der Zuhörer. Und wozu sollte er sich »in«, »über«, »es«, »und«, »die«, »an« usw. merken? – Es ist zu hoffen, dass die unsinnige Pseudodynamik eine Modeerscheinung ist und als solche nur eine vorübergehende. Sinnvolle Informationsübertragung vereinigt Dynamik mit sinnvoller Bedeutung.

Hörbeispiel Cut 16

In der Nacht auf ***heute*** *wandert ein* ***Tief*** *über die* ***Alpen zu uns****. Es bringt* ***Regenschauer*** *und* ***fallende Temperaturen****. Diese erreichen morgen* ***nur 10*** *Grad. Die Sonne zeigt sich* ***spärlich****. An dieser Großwetterlage* ***ändert*** *sich nichts in den nächsten* ***drei Tagen****.*

Mit diesem ***Sieg*** *in der* ***Katamaranklasse*** *katapultiert sich* ***Karl Kofler*** *in der* ***Weltrangliste*** *auf* ***Rang fünf****.*

2.3 Der Ton macht die Musik

Im rechten Ton kann man alles sagen – im falschen nichts!
Das einzig Heikle daran ist, den richtigen Ton zu finden.

George Bernhard Shaw

Feuer. Fünf Buchstaben. Wenn Sie sie lesen, bekommen Sie sofort ein Bild, eine Vorstellung vom Inhalt des Wortes. Stellen Sie die Bedeutung, die Sie dem Wort geben, einmal beiseite.

Feuer. Die Art und Weise, wie Sie dieses Wort aussprechen, in welcher Tonlage, mit welcher Intensität, in welcher Klangfärbung –

das erst erzeugt in Ihrem Zuhörer eine Wirkung. Sie können durch die Aussprache dieser fünf Buchstaben Ihr Gegenüber zu verschiedenen Handlungen bewegen:

- Ihr Gegenüber kann ein Feuerzeug hervorkramen und Ihre Zigarette oder eine Kerze illuminieren. Dann sprechen Sie es als höfliche Frage aus.
- Ihr Gegenüber kann den Feuerlöscher von der Wand reißen, in Panik davonlaufen oder die Feuerwehr alarmieren. Dann sprechen Sie es als deutlichen Warnruf.
- Ihr Gegenüber kann sich behaglich fühlen. Sie können die Stimmung eines knisternden wärmenden Kaminfeuers erzeugen. Dann sprechen Sie es mit wohliger Wärme.
- Ihr Gegenüber kann Ihnen nickend beipflichten, wenn Sie die vier Elemente aufzählen. Sie sprechen es dann als sachliche Feststellung.

Meistens, wenn kommunikative Missverständnisse entstehen, haben sich Menschen im Ton vergriffen. Meistens ist es auch so, dass wir gar keine Idee davon haben, welche Töne wir in die Ohren unserer Mitmenschen schicken. Wenn Sie vom untersten Geschoss Ihres Hauses ins Dachatelier laut »Essen kommen« schreien, wird das kaum als freundliche Einladung aufgefasst werden können. Köche und Köchinnen wundern sich, dass keiner erscheint.

Klangfärbungen haben meistens mit der eigenen emotionalen Befindlichkeit zu tun. Es gibt eine Menge Klangfärbungen. In der Praxis sind sie oft miteinander vermischt oder wechseln sich schnell ab. Hier einige typische Beispiele:

- **Sachliche Klangfärbung** = positiv neutraler Ton. In mittlerer Tonlage vermittelt sie dem Gesprächspartner das Gefühl der Akzeptanz und Interesse am Gespräch.

* **Freundliche Klangfärbung.** Die Zunge liegt entspannt im Mundraum, Hals und Gesichtsmuskulatur sind ebenfalls entspannt. Ein kleines Lächeln zieht die Mundwinkel nach oben (kein Zahnpasta-Lächeln), vermittelt positive, freundliche Stimmung. Achtung: Lächeln überträgt sich auch über die Ohren (Telefon).
* **Ärgerliche Klangfärbung.** Zunge liegt weit hinten. Hals verspannt. Gesichtsmuskulatur gepresst. Verbissene Töne entstehen.
* **Dissonante Klangfärbung.** Löst Irritation aus. Der Inhalt des Gesagten stimmt mit der zu vermittelten Emotion nicht überein (z. B. Zynismus, Süßholzraspeln, »gespaltene Zunge« usw.). Bei dissonanten Aussagen reagiert das Gegenüber sehr eindeutig: Der Inhalt verliert völlig an Bedeutung. Das Ohr des Hörers entscheidet sich ganz klar ausschließlich für die Wahrnehmung der »Stimmung«. Es hat keine andere Wahl, der Ton entscheidet, wie der Sprecher ankommt und wie die Botschaft verstanden wird. Ziemlich egal, was Sie gemeint haben ...

Da es im Business-Leben derzeit gar nicht in Mode ist, zu viele »negative« Emotionen hören zu lassen, haben viele Stimmkandidaten den Wunsch, ihre Stimmungen in der Stimme zu kontrollieren. Das funktioniert leider so nicht. Sie werden immer wieder Emotionen haben. Über das Stimmtraining können Sie aber erreichen, dass Ihre Stimme von Emotionen unabhängiger wird.

Übung:

➲ Zum Abschluss noch ein spannender Übungssatz. Betonen Sie in jedem Durchgang ein anderes Wort:

***Wir** gehen ins Kino oder zum Abendessen.*
(bezieht sich auf eine Gruppe)

*Wir **gehen** ins Kino oder zum Abendessen.*
(bezieht sich auf eine Fortbewegungsart)

*Wir gehen **ins** Kino oder **zum** Abendessen.*
(Deutschunterricht für andere Muttersprache)

*Wir gehen ins **Kino** oder zum Abendessen.*
(bevorzugt Kino)

*Wir gehen ins Kino oder zum **Abendessen**.*
(bevorzugt Abendessen)

*Wir gehen ins Kino **oder** zum Abendessen.*
(eine ausschließende Wahlmöglichkeit)

*Wir gehen ins **Kino** oder zum **Abendessen**.*
(zwei genau definierte Möglichkeiten)

3. Tempo: langsam und rasch

Gerade bei diesem sehr dynamischen Stilmittel ist es wichtig, das Gesamtziel im Ohr zu behalten. Es geht um abwechslungsreiches Sprechen. Dieses beinhaltet sowohl langsame Passagen als auch rasch gesprochene Items. Gute Sprecher beherrschen »Schneckentempo **und** Affenzahn«. Zeitlupe **und** Zeitraffer. Die Gefahr ist groß, dass durch antrainiertes langsames Sprechen der Pfeffer der Rede verloren geht.

Natürlich soll das Sprechtempo insgesamt so gestaltet werden, dass die Zuhörer dem Gesagten folgen können. Aber nicht alles gleich schnell, das ist genauso monoton.

Ein zu hohes Sprechtempo gibt nur dem Sprecher die Illusion, dass viele Informationen zum Zuhörer kommen, alles hinüber gebracht wurde. Sehr langsames Sprechen erzeugt nur kurzfristig Aufmerksamkeit. Jedes Wort erhält dadurch spezielles Gewicht (wie bei einer langen Textpassage im Fettdruck). Langfristig sind die meisten Zuhörer überfordert. Sie gehen auf gefühlsmäßige Abwehr. Was Sie trainieren müssen, sind Autobahn und Landstraße. Und der rasche Wechsel zwischen beiden.

Hörbeispiel Cut 17

Manches ganz schnell // Manches langsam und bedächtig // Dann wieder beschleunigen.
Einen schönen guten Morgen // meine sehr geehrten Damen und Herren // wir begrüßen Sie herzlich.

In der Praxis lässt sich der Tempowechsel gut mit Akzenten kombinieren. Außerdem gibt es eine ausgezeichnete Möglichkeit der Selbstkontrolle: Wenn Sie sich selber beim Sprechen zuhören, können Sie auf Dauer nicht zu schnell sprechen (vgl. Kapitel II.6 »Vom Hören«).

Faustregel: 12 durchschnittliche Maschinschreibzeilen (ca. 55 Anschläge) entsprechen einer Sprechminute. Das ist das Tempo, bei dem die meisten Zuhörer mitkommen. Üben Sie mit einer Stoppuhr.

4. Höhe: Stimmführung nach oben und nach unten

Sinnerfassende Info-Zellen können im Melodieverlauf verschieden begonnen bzw. beendet werden.

4.1 »Entenschwänzchen«

Hörbeispiel 👂 *Cut* ⓲

Der Himmel ist blau, die Wiese ist grün, die Wolken sind weiß.
(Melodieverlauf nach oben)

Welche Wirkung hatte dieses Hörbeispiel auf Sie? Richtig, Sie bleiben gespannt sitzen in der Erwartung, es käme noch etwas. Es ist häufig zu hören: Sprecher bleiben mit ihrer Stimme am Ende einer sinnerfassenden Einheit einfach in der Höhe hängen. Ich nenne diese Art von Stimmführung respektlos »Entenschwänzchen«. Die Wirkung auf den Zuhörer ist nicht eben gut. Der Redner schließt den Gedanken nicht ab. Er ist auch selber unter Druck, tatsächlich noch etwas zu sagen, um diese Erwartungshaltung zu befriedigen. An dieser Stelle hört man sehr oft: »Das war´s«, »Danke für Ihre Aufmerksamkeit« und ähnliche Verlegenheitsfloskeln.

Gute Sprecher machen das Ende eines Gedankens für den Zuhörer deutlich hörbar. Sie führen so oft wie möglich die Stimme nach unten. Dadurch sind sie in einer überlegenen Situation – denn kein Zuhörer kann die nächsten Gedanken und Formulierungen des Sprechers voraussehen (manchmal nicht einmal er selbst, aber **man hört es nicht**).

Stimme absenken:

- ist Wertschätzung. Sie geben dem Zuhörer Zeit, das Gesprochene auf sich wirken zu lassen und zu verarbeiten. Sie selbst haben außerdem eine Verschnaufpause.
- bringt Ihre Inhalte »auf den Punkt«. Ihre Rede wirkt »pointiert«.
- gliedert automatisch auch ganz lange Sätze in kurze Abschnitte. Es ist eine Illusion aller schlechten und Dauerredner, dass Ihre Zuhörer alles mitbekommen. Schon gar nicht zu lange Sätze. Empirische Untersuchungen haben gezeigt: Ein gesprochener Satz wird problematisch, wenn er die Länge von sieben bis 14 Wörtern übersteigt. In gehörten Texten setzt das Verständnis bei einem Drittel der Erwachsenen beim elften Wort, bei mehr als der Hälfte der Erwachsenen mit dem 14. Wort aus.
- heißt auch, die häufigste Sprechmelodie des Alltags zu verwenden. Zuhörer mögen ohnedies in den wenigsten Fällen Podiumssprache.
- ermöglicht »Aufhören können«. Allein damit lassen Sie Legionen von Vielrednern hinter sich. Vielrednerei ist oft ein Spiel der Hierarchie. Wer am meisten sagt, gilt als der Wichtigste. Durchschauen Sie dieses Spiel!
- können Sie immer nützen, um Luft kommen zu lassen.

Hörbeispiel 👂 *Cut* ⓳

Der Himmel ist blau, die Wiese ist grün, die Wolken sind weiß.

Übung:

➲ Nehmen Sie die Schlagzeile Ihrer Tageszeitung und sprechen Sie diese ab sofort jeweils in zwei Versionen: Einmal mit »Entenschwänzchen« (Stimme nach oben), einmal mit Absenken. Es kommt darauf an, dass Ihre Ohren einen deutlichen Unterschied zwischen Stimme heben und Stimme senken hören.

Natürlich müssen Sie nicht nach jeder sinnerfassenden Einheit die Stimme senken, spätestens aber nach vier bis fünf Info-Zellen. Darauf zielt auch die Übung. In der Praxis soll Ihnen auffallen, wenn Sie schon einige Entenschwänzchen hintereinander gesprochen haben. Die nächste Pause nützen Sie, um den Stimmbogen nach unten anzusteuern.

Entenschwänzchen eignen sich für Aufzählungen, für manche Fragestellungen, als extravagantes Spannungsmoment. Aber gehen Sie bitte sparsam damit um. Außerdem ist meine Vermutung, dass Sie das ohnedies gut beherrschen ...

Für Frauen ist das Thema ganz besonders wichtig. Wenn weibliche Stimmen nach oben geführt werden, tendieren sie dazu, in die Kopfstimme zu kippen: dünn, piepsig, hektisch zu werden. Im Zuhörer entsteht sehr oft der Eindruck übertriebener Emotionalität. (»Bleiben Sie doch sachlich, Frau Kollegin.«)

4.2 Der Stimmeinsatz am Sprechbeginn

Ein Beginn von oben herab **ist** auch so – von oben herab, dominant. Der Redner wirkt, als würde er dem Publikum »unbedingt etwas aufdrängen« wollen. Bei mittleren bis hohen Frauenstimmen wirkt ein solcher Ton nicht besonders kompetent und meist sehr süßlich. Leider wird er oft mit Freundlichkeit verwechselt.

Hörbeispiel 👂 *Cut* ⓴

Hier ist die Firma XY. Mein Name ist XY. Was kann ich für Sie tun?

Am Beginn einer sinnerfassenden Einheit, am Beginn eines Satzes setzen Sie so oft wie möglich die erste Silbe, das erste Wort tief an. Holen Sie sozusagen den Ton von unten. Eine entsprechende Handbewegung unterstützt Sie dabei. Offene Handfläche, Ihre Botschaft auf einem Silbertablett getragen dem Zuhörer präsentieren. Der Beginn von unten, mit einem tiefen Ton, wirkt auf die Zuhörer wie ein Angebot mit offener Hand. Auch in der Körpersprache wird es so gedeutet, dass Sie dem Gegenüber respektvoll die Entscheidungsfreiheit lassen, Ihr Angebot anzunehmen oder nicht. So empfinden wir auch den Stimmverlauf von unten.

Hörbeispiel 👂 *Cut* ㉑

Hier ist die Firma XY. Mein Name ist XY. Was kann ich für Sie tun?
(kompetentere Version)

5. Lautstärke: laut und leise

Die Lautstärke wird vorwiegend von der Sprechabsicht bestimmt und von der Distanz zum Gesprächspartner. In einem Zweiergespräch mit geringer Distanz werden Sie eher leise sprechen. Bei einem Vortrag ohne Mikrofon ist raumfüllende Lautstärke angesagt. Zu leise Stimmen wirken unsicher. Eine angemessene Lautstärke vermittelt Sicherheit. Eine Lärmattacke erzeugt Abwehr.

Praxistipps:

- Machen Sie in jedem Fall vor dem Beginn Ihres Vortrags eine Akustikprobe. Testen Sie den Raum, in dem Sie sprechen. **Vorher**. Wo müssen Sie stehen, damit Sie gut gehört werden?
- Wenn Sie nicht gerade in einem Theater auftreten, ist es ratsam, ab einer Gruppengröße von 80 bis 100 Personen ein Mikrofon zu verwenden. Bei lauter Umgebung und schlechter Akustik muss ein Mikrofon zum Einsatz kommen. Schreien und Gellen rächen sich auf Dauer stimmlich.
- TurnlehrerInnen (aber nicht nur diesen) lege ich ans Herz, unbedingt eine Trillerpfeife, eine Trommel oder einen Gong zu verwenden. Versammeln Sie die Schüler eng um sich, sorgen Sie für Hörweite, wenn Sie Anleitungen geben. Dies gilt verstärkt unter freiem Himmel. Auch wenn Sie z. B. als ReiseleiterIn arbeiten, rate ich Ihnen zu solchen stimmschonenden Maßnahmen!

Noch ein Wort zur Wirkung von zu leisem Sprechen: Als Disziplinierungsmaßnahme, etwa in der Schule, ist leises Sprechen völlig ungeeignet (Machtkampf)! Eine zu niedrige Dezibelanzahl hat zur Folge, dass die Zuhörer entweder weghören oder dem Sprecher zu nahe kommen. Wenn Sie diese Nähe beabsichtigen, ist das in Ordnung und Ihre Entscheidung. Wenn nicht, trainieren Sie mit Volums- und Atemübungen die Voraussetzungen für situationsbedingte Lautstärke.

Übung:

➲ Wenn Sie nun an einem praktischen Beispiel die Gesetzmäßigkeiten des gesprochenen Wortes ausprobieren möchten, hier ist ein Übungstext.
Nachdem es nicht auf den konkreten Inhalt ankommt, sondern auf die Melodie, stellen Sie sich einfach Folgendes vor: Sie müssen Ihrem Gegenüber einen komplizierten Sachverhalt aus Ihrem Fachgebiet erklären. Dazu müssen Sie auch Fachbegriffe einführen. Wenn das geschehen ist, stellen Sie abschließend eine Verständnisfrage. Unsere Fachbegriffe sind Phantasiebegriffe. Konzentrieren Sie sich einmal völlig auf die stimmliche Gestaltung:

❶ Machen Sie sich inhaltlich vertraut, halblaut durchlesen.

❷ Sinnerfassende Einheiten herausfinden und mit deutlichen senkrechten Strichen markieren.

❸ Die für Sie wichtigen Begriffe unterstreichen. Damit Sie nicht zu viel betonen gilt: neue Information geht vor alter Information.

❹ Schnelle und langsame Passagen kennzeichnen.

❺ Mehrmals, mindestens zehn Mal, laut üben.

❻ Hören Sie auf der CD Cut Nr. ㉒ – zur Gegenprobe.

Hier der Übungstext:

ALLE KNAFFS HABEN DIE GLEICHE FORM UND SIND GLEICH GROSS. ALLE GRÜNEN HUNKIS HABEN EBENFALLS DIE GLEICHE FORM UND GRÖSSE.

ZWANZIG KNAFFS PASSEN GERADE IN EINEN PAUZ.

ALLE HEMPUTIS ENTHALTEN GRÜNE HUNKIS. EIN GRÜNER HUNKI IST ZEHN PROZENT GRÖSSER ALS EIN KNAFF. EIN HEMPUTI IST KLEINER ALS EIN PAUZ.

WENN DER INHALT ALLER PAUZE UND ALLER HEMPUTIS VORWIEGEND ROT IST, WIE VIELE GRÜNE HUNKIS KÖNNEN MAXIMAL IN EINEM HEMPUTI SEIN?

Die Lösung finden Sie auf der folgenden Seite.

Hörbeispiel 👂 *Cut* ㉒

vgl. Text oben

Lösung zum Übungstext von Seite 150:

ALLE **KNAFFS** | *HABEN DIE **GLEICHE*** **FORM** | UND SIND **GLEICH GROSS**. | ALLE **GRÜNEN HUNKIS** | HABEN **EBENFALLS** | *DIE GLEICHE FORM UND GRÖSSE.*

ZWANZIG KNAFFS | *PASSEN GERADE* | IN **EINEN PAUZ.** ALLE **HEMPUTIS** | ENTHALTEN **GRÜNE HUNKIS.** |

EIN GRÜNER HUNKI | IST ZEHN PROZENT GRÖSSER | *ALS EIN KNAFF.* | EIN **HEMPUTI** | IST **KLEINER** ALS EIN PAUZ. | WENN DER **INHALT** | *ALLER PAUZE UND ALLER HEMPUTIS VORWIEGEND* | **ROT** IST, | WIE VIELE GRÜNE HUNKIS | KÖNNEN **MAXIMAL** | IN **EINEM HEMPUTI** SEIN?

Zeichenerklärung:

|	=	Pause (Items)
Fettdruck	=	Betonen
Kursivdruck	=	schnelle Passage
Unterstreichung	=	langsamere Passage

V. Freies Sprechen: Reden lernt man, indem man redet

1. Sprech-Handeln, Sprech-Fühlen, Sprech-Denken

Sprache ist äußeres Denken,
Denken ist innere Sprache.

Antoine de Rivard

Sicher bewundern auch Sie manchmal Menschen, die zu allem und jedem spontan etwas sagen können. Bei genauer Betrachtung sind diese Menschen gut trainiert in jenem Ablauf, den man passender als »Sprech-Denken« bezeichnet. Das Wort beschreibt genauer, was vor sich geht. Sprechen und Denken fahren Synchronslalom. Mund und Gehirn stehen gemeinsam am Start und fahren sozusagen idealerweise gleichzeitig los. Sehr oft geschieht es jedoch, dass der Mund schneller ist: Der fährt schon durch das dritte Tor und kommt dann drauf, dass das Hirn noch nicht auf der Piste ist. Hörbar wird diese Diskrepanz an »Ähh«, »Öhh«, »Tja«, »Hmmm«, »also« und diversen anderen Verlegenheitsfloskeln.

Beim Sprech-Denken müssen Sie gleichzeitig mehrere Dinge tun:

❶ Sprechen: Stimm- und Sprechapparat in guter Kondition halten – Warm-up-Übungen sollten Sie im kleinen Finger haben. Professionelle Einstellung zur »Stimme« ...

❷ Formulieren

❸ Denken

❹ Sich selbst zuhören: Gehörtraining (siehe Kapitel II.6)

2. Der Wortschatz

Als SprecherIn brauchen Sie viel geordnetes Wissen zum Thema. Dass Sie in Ihrem Fachgebiet ein Experte sind, davon gehe ich aus. Ich nehme nicht an, dass Sie über Dinge reden, von denen Sie nichts verstehen. Gegen eventuelle Unsicherheiten, die aus diesem Mangel entstehen, gibt es von keinem seriösen Rhetorik-Lehrer ein Rezept. Und Sie brauchen auch viel geordnetes Wissen zu anderen Themen. Damit können Sie, wenn nötig, Querverbindungen herstellen. Außerdem ist ein großer Wortschatz von Vorteil. Wenn Sie auf Ihrer sprechtechnischen Festplatte nicht genügend Wörter gespeichert haben, wenn Ihr Informationsspeicher inhaltlich zu einseitig ist (Achtung! »Fachtrottel-Wissen«), reagieren Sie in Sprechsituationen eher unflexibel und nicht situativ angemessen. Ob unbewusst oder bewusst vermeiden Sie den reizvollen und lebendigen Dialog mit dem Publikum. (Es könnten ja Fragen kommen, auf die Sie nicht spontan reagieren können.)

Es gibt zwei einfache Übungen, mit denen Sie Ihre Wortschatzkiste füllen, aktualisieren und Ihre Schlagfertigkeit trainieren können. Freuen Sie sich, Sie sind sicher schlagfertiger als Sie es sich derzeit zutrauen.

Grundregel Nummer 1: **Profis reden mit sich selbst laut.** An dieser Stelle ist eine Grundsatzentscheidung notwendig: Wollen Sie ein Profi werden oder nicht? Reden lernt man nämlich, indem man redet. Und nicht, indem man nur darüber nachdenkt, was man denn nun sagen möchte! Und das ist ein ganz entscheidender Unterschied. Der Kopf, Ihre Gedanken, müssen durch den Mund nach außen. Außerdem müssen Sie selbst die Kontrolle über das von Ihnen **Gesagte** und nicht über das **Gedachte** übernehmen.

Auch die folgenden Übungen sind also **laut** durchzuführen. Nicht unbedingt vor Publikum. Es ist ja Trainingszeit und nicht Wettkampf:

Wortschatzübungen:

- **Banale Alltagsübung:** Sie synchronisiert Ihr Denken mit Ihrem Sprechen, Ihr Fühlen mit Ihrem Sprechen und Ihr Handeln mit Ihrem Sprechen. Beschreiben Sie dreimal täglich in einem Satz Ihren banalen Alltag. Kommentieren Sie Ihre Tätigkeiten.
  In dem Moment, da Sie sich kommentieren, sagen Sie etwa laut: »Ich drücke mir die Zahnpasta auf meine Zahnbürste«. Oder: »Ich halte das Lenkrad mit beiden Händen fest.« »Ich setze mich vor den Fernseher.« »Ich werde demnächst meine Augen zumachen und schlafen.« »Ich bin gerade ziemlich ärgerlich.« »Ich denke gerade über Ihr Argument nach.« Es geht darum, dass Sprechen und Handeln/Denken/Fühlen im selben Augenblick geschehen können.
- **Opinion-Leader-Übung:** Sie stellen sich vor, Sie gehören zu den hundert wichtigsten Menschen in Ihrem Land. Sie sind ein so genannter Meinungsbildner. Egal welches Thema, kein Journalist kommt umhin, Ihre Meinung einzuholen. Und Sie gewöhnen es sich an, in maximal drei Sätzen zu antworten. Beispiel: Sie sehen beim Sonntagsspaziergang die Modefarbe der Saison in den Auslagen und geben dazu einen Kommentar in drei Sätzen ab. Kurze vollständige Sätze mit Haupt- und Zeitwort.
  Oscar-Verleihung, eine auffällige Werbekampagne, sämtliche politische Tagesthemen, die Weltüberbevölkerung, Katastrophen und Königshochzeiten – es darf Ihnen kein Thema zu banal und kein Thema zu brisant sein: Es geht darum, dass Sie dazu eine Meinung **laut** äußern. Die braucht nicht sendefertig zu sein. Was Sie brauchen, ist die Erfahrung, dass Sie eine Meinung haben oder noch

keine. Dass Sie **laut denken** können! Wenn Ihnen nichts einfällt, halten Sie Ihr Schweigen aus oder formulieren Sie laut: »Darüber habe ich mir noch keine Gedanken gemacht.«
Diese Übung erweitert ziemlich rasch Ihren aktiven Wortschatz und nebenbei auch noch den Horizont. Sie gewöhnen sich an Ihre Äußerungen. Paradoxerweise lernen Sie auch etwas zum Thema: Reden – Schweigen – Reden ...
Nach einigen Wochen reflektieren Sie dann auch den Inhalt Ihres Statements genauer. Erklären Sie es für »sendefertig«, wird es gespeichert, ansonsten verworfen und später nochmals neu »laut-gedacht«.

Die »Ähs« und »Öhs«

Woher kommen eigentlich diese Zwischentöne? Warum schleicht sich so oft während des Redens ein Brumm-, Zisch- oder Grunzlaut ein? Machen das alle Menschen? Auf der ganzen Welt? Wie gewöhnt man sich das ab?

Jede Sprache hat andere Floskeln: in Schweden tönt es »Ärr«, in Großbritannien »Uh«, in Japan »Anoo«. Das »soziale Grunzen« ist international. In der Sprachwissenschaft handelt es sich um »Diskurspartikel«. Füllwörter, die dem Gehirn eine Pause bieten, um z. B. ein richtiges Wort zu finden oder den Satz zu Ende zu denken. Sprachstrategisch dienen sie dazu, das Rederecht zu behalten. Sie geben das Signal: Ich bin ein Mensch, der sehr viel nachdenkt. Auch logopädisch sind es Lückenfüller. Sprechpsychologisch stecken oft Angst und Unsicherheit dahinter.

Im Sprechfluss füllt so ein »Äh« oder »Ähm« meist den Zeitraum, in dem eigentlich eine Pause angesagt ist. Weil der Sprecher diese Einatempause, das Loslassen, das Öffnen nicht aushalten mag, füllt er diese eben mit Aktion.

Vielen Klienten ist ihre große Anzahl an Fülllauten gar nicht bewusst, da sind Tonbandaufnahmen hilfreich. Bewährt haben sich Abspannen und ein guter Kontakt zum eigenen Atem (siehe Kapitel II.3). Wenn man sich die Atempause erlaubt, wird das »Äh« oder »Öh« hinfällig.

3. Das TUBA-Modell für Kurz-Statements

Damit Sie in Zukunft für eine kleine bis mittlere Wortmeldung gut gerüstet sind, ist es nützlich, eine Redestruktur parat zu haben. In der Praxis sehr bewährt hat sich das TUBA-Modell der Münchner Trainerin Ulrike Bergmann. Damit lassen sich in drei bis fünf Minuten schwungvolle und überzeugende Kurz-Statements abgeben:

T steht für Thema: Um was geht es?

U für Umständen: Wer? Wo? Wie? Warum? Wie lange?

B für Beispiel: persönlicher Bezug, kleine Begebenheit, Erinnerung, Pointe usw. Was Sie hier erzählen, sollten die meisten Ihrer Zuhörer kennen, selbst erlebt, ähnlich erfahren haben oder sich vorstellen können. Das ist auch der einzige Punkt, den Sie wirklich genauer vorbereiten müssen.

A für Aufforderung: Hier fordern Sie die Zuhörer zu einer Handlung auf.

Zwei praktische Beispiele:

Thema: *Heute ist Tante Almas 70. Geburtstag.*

Umstände: *Der gesamte Familienklan mitsamt Freunden und Bekannten hat sich an diesem sonnigen Sonntag Vormittag im Gasthof »Zur Traube« für einige Stunden zusammengefunden, um diesen Anlass würdig zu begehen.*

Beispiel: *Wir alle kennen Tante Almas berühmten Familien-Geburtstagskalender. Seit Jahren ist er randvoll. Und wenn euer Ehrentag* *kommt und um 7 Uhr 50 morgens läutet das Telefon, können wir alle eine Wette abschließen. Wieder einmal hat Tante Alma ihren Ehrgeiz bewiesen, die erste Gratulantin zu sein. Seit Jahr und Tag ist sie unter den ersten drei Anrufern.*

Aufforderung: *Lasst uns gemeinsam unsere Gläser erheben und auf Tante Alma anstoßen. Liebe Jubilarin, wir wünschen dir zu deinem Geburtstag alles Gute.*

Thema: *Meine sehr geehrten Damen und Herren. Ich spreche heute zum ersten Mal zu Ihnen in meiner neuen Funktion als Abteilungsleiterin.*

Umstände: *Nach mehreren Jahren in verschiedenen Abteilungen des Hauses und zwei Jahren Auslandserfahrung habe ich es als eine spannende Aufgabe gesehen, diese Abteilung zu leiten.*

Beispiel: *Wir werden in der nächsten Zeit ein neues Team bilden, wie Sie wissen, werden wir sechs zusätzliche Mitarbeiter erhalten. Die Entwicklung einer neuen Marketingstrategie steht an und wie Sie die Geschäftsleitung schon informiert hat, werden wir demnächst auch ein neues Büro bekommen. Das alles möchte ich mit Ihnen in den nächsten Jahren angehen.*

Aufforderung: *Diejenigen, die mich kennen, ersuche ich, auch in meiner neuen Aufgabe mit mir zusammenzuarbeiten. Diejenigen, die mich nicht kennen, bitte ich um einen Vertrauensvorschuss.*

Praxistipps zur Redevorbereitung:

* Wenn Sie eine Rede, ein Kurz-Statement, eine Ansprache schriftlich vorbereiten wollen, machen Sie es in Zukunft am besten so: Sprechen Sie, bevor Sie schreiben. Fangen Sie laut zu reden an und tippen Sie nur in Ihren Compu-

ter, was sich auch sagen lässt. Dabei tut die Zeichensetzung nichts zur Sache, es geht schließlich ums gesprochene Wort. Die meisten machen den Fehler, dass Sie einfach drauflosschreiben, und sich dann wundern, wenn sich Ihr Manuskript nicht mitreißend rüberbringen lässt. Kein Wunder: Gelesene Ansprachen sind das Langweiligste, was Sie dem Hörer bieten können. Wenn Ihre Notizen aber zuerst LAUT hörbar waren, bevor sie aufgezeichnet wurden, werden Sie staunen, wie leicht sich alles sprechen/lesen lässt.

- Beim lauten Durchsprechen Ihrer Wortmeldung zu Übungszwecken stellen Sie eine Uhr auf und machen Sie einen Zeitvergleich. Sie dürfen maximal zwei Drittel der Ihnen eingeräumten Sprechzeit auch wirklich verbrauchen. Die restliche Zeit benötigen Sie »beim Auftritt« nämlich für den »Dialog mit dem Gegenüber«: Für die Blicke ins Publikum, das Warten, bis nach einem Lacher wieder Ruhe ist, für spontanen Zwischenapplaus, zustimmendes Nicken, Augenkontakt u.v.m. Nach dieser Regel klappt das Timing meist sehr gut, da man nicht zu viel in die Redezeit hineinpackt und so auch alles loswird ...
- Übungszeit = Redezeit mal zwei. Für besonders wichtige Anlässe bewährt sich eine laute Vorbereitungsphase, die doppelt so lang ist, wie Sie Zeit zum Sprechen haben.
- Wenn es ganz schnell gehen muss und Improvisieren angesagt ist:

  Sag ihnen, was du sagen wirst

  Sag es ihnen

  Sag ihnen, was du gesagt hast

VI. Die Standardaussprache

Vollständig aber ist die Aussprache,
wenn kein Buchstabe eines Wortes unterdrückt wird,
sondern wo alle nach ihrem wahren Wert hervorkommen.

Johann Wolfgang von Goethe

1. Mundart oder Hochsprache?

Immer wieder treten Menschen an mich heran mit der Frage, ob es nicht gescheiter sei, so zu reden »wie einem der Schnabel gewachsen ist«. Anstatt sich in einer gekünstelten Sprache auszudrücken, in der man sich sehr anstrengen muss, in der man sich unsicher fühlt und dieses redliche Bemühen um schönes Sprechen eher zu einem Krampf denn zu einer lockeren Wortmeldung wird. Der Dialekt biete außerdem viel mehr – vor allem emotionale – Ausdrucksmöglichkeiten. Er sei echter und damit auch ehrlicher. Viele Menschen haben das Gefühl, in der Hochsprache nicht zu Hause zu sein. Ihre Persönlichkeit käme im Dialekt besser zur Geltung.

Nun stellen Sie sich vor, ich halte Ihnen einen Vortrag zum Thema Sprechtechnik in einem breiten alemannischen Dialekt. Jener Sprache, die in meiner Heimatstadt Dornbirn gesprochen wird. Oder in Hamburger Akzent.

Hörbeispiel 👂 *Cut* ㉓

Wänn i dr Inhalt vo deam Buach do im reinschta dorabirar dialekt verzella tät, vertündand ir mi niit …
(allemannische und plattdeutsche Version)

Sie wären am Anfang überrascht, irritiert, vielleicht belustigt, fänden das ein, zwei Minuten ganz amüsant. Nach einer Viertelstunde spätestens wäre es für Sie nur mehr anstrengend, mir zuzuhören, Sie reagieren ärgerlich und würden aufhören, mir zu folgen. Wir haben ein klassisches kommunikatives Problem. Sie als Empfänger kriegen meine Botschaft nicht mit, weil Sie diese nicht verstehen. Meine persönliche Auffassung ist, dass in erster Linie der Sender für die Übermittlung der Botschaft verantwortlich zeichnet. Ich muss – um einen Ausdruck aus der Wirtschaft zu gebrauchen – möglichst kundenorientiert/kundenfreundlich sprechen. Das bedeutet, ich wähle eine Sprachform, in der ich Inhalte **mühelos** transportieren kann. Eine Sprachform, die im gesamten deutschsprachigen Raum verstanden wird, also eine Sprachform, die auch Menschen verstehen, deren Muttersprache nicht Deutsch ist. Je internationaler wir kommunizieren, desto mehr sollten wir uns lösen von den engen Grenzen, die regionale Dialekte setzen.

Ich möchte betonen, dass ich Dialekte als Sprachform sehr schätze. Sie sind die Sprache unserer Wurzeln, sie vermitteln ein Gefühl von Zugehörigkeit, auch ein heimeliges Gefühl der kleinen Zelle in einer großen Welt und vieles, vieles mehr. Leider widerspricht die Lautbildung vieler Dialekte den Grundprinzipien der gesunden Stimmführung. Und **Dialekte sind in ihrer Anwendung begrenzt**.

Wenn ich als Alemannin vom »Mo« schwärme und Sie beispielsweise WienerIn sind, schaffen wir keine inhaltliche Verständigung mehr. In der österreichischen Bundeshauptstadt heißt »Mo« Mann. Am Bodensee bezeichnen wir mit demselben Klang den Mond. Wenn Ihr Publikum vorwiegend aus der Umgebung Ihres Heimatortes kommt, werden Sie mit Ihrem Dialekt alle erreichen können. Dann bleiben Sie auch dabei. Und haben Sie kein schlechtes Gewissen.

In dem Augenblick, in dem Sie Botschaften mehr als 20 Kilometer weit senden wollen, sollten Sie es sich und den Zuhörern so bequem wie möglich machen. Dies geschieht mit der deutschen Standard-Lautung, gemeinhin als Hochdeutsch bekannt.

2. Hörbare Unterschiede im deutschen Sprachraum

Man darf ruhig hören, woher Sie kommen – es ist nichts einzuwenden gegen das so genannte Heimat-Melos (griech.). Die Heimat-Melodie: Ein Schweizer, der Hochdeutsch spricht, unterscheidet sich im Klang von einem Hamburger, der Hochdeutsch gelernt hat, und der wiederum von einem Menschen, der Deutsch als Fremdsprache gelernt hat. Das kann und darf so sein – **man darf aber auch hören, dass Sie dort nicht stehengeblieben sind.**

Österreich und Deutschland unterscheiden sich zum Beispiel in der knapperen beziehungsweise gedehnteren Aussprache mancher Vokale.

Hörbeispiel 👂 *Cut* ㉔

Bad, Rad, Rum

Und manchmal bei Betonungen.

Hörbeispiel 👂 *Cut* ㉕

Radar, Kopie, Zeremonie

Die Vorschriften sind flexibel und halten oft mehrere Varianten für korrekt.

Schließlich definiert die EU auf inhaltlicher Sprachebene sinngemäß folgendes: Die in der österreichischen Rechtsordnung enthaltenen spezifisch österreichischen Ausdrücke der deutschen Sprache haben den gleichen Status und dürfen mit gleicher Rechtswirkung verwendet werden wie die in Deutschland verwendeten entsprechenden Ausdrücke.

Einige geläufige Beispiele:

Österreich	**Deutschland**
Beiried	Roastbeef
Erdäpfel	Kartoffeln
Faschiertes	Hackfleisch
Fisolen	Grüne Bohnen
Kren	Meerrettich
Marillen	Aprikosen
Obers	Sahne
Topfen	Quark
Weichseln	Sauerkirschen

3. Wer legt die Ausspracheregeln fest?

Nun gibt es über den Begriff »Hochdeutsch« eine Reihe falscher Vorstellungen. Die schlimmste davon ist, jemandem zu sagen, er möge »nach der Schrift« sprechen. Denn genau das tun wir niemals! Nachdem aber die wenigsten von uns in der Schule gelernt haben, wie man Deutsch ausspricht, versuchen wir es eben mit Schriftdeutsch: Was (aus dem Mund) kommt, ist jene gekünstelte, manierierte, gezierte Sprache, die nur vorgibt, Hochdeutsch zu sein. Es ist noch nicht einmal »Umgangssprache«.

Hörbeispiel Cut 26

Wir geHen unter blüHenden Bäumen eine EHe ein.

Sie besucht im laCHsfarbenen Kleid ein OrCHesterkonzert.

Im Deutschen ist ein »stummes H« jedenfalls nicht hörbar. Es heißt ja schon so. Und wird als Aussprachezeichen für einen langen Vokal geschrieben. »chs« wird bis auf zwei Ausnahmen (nächstens, höchstens) als »x« gesprochen.

Hörbeispiel Cut 27

Wir ge-en unter blü-enden Bäumen eine E-e ein.
Sie besuchte im laXfarbenen Kleid ein OrKesterkonzert.
(richtige Aussprache)

In jeder Sprache, die wir als Fremdsprache lernen, akzeptieren wir von vornherein, dass es geschriebenes Wort gibt und gesprochenes.

Und dass Schreiben und Sprechen nicht dasselbe sind. Denken Sie an das englische »th«. So Sie einen guten Englischlehrer hatten, hat er Sie angeleitet, mit Ihrer Zunge so lange im Mund herumzuturnen, bis der Laut richtig klang.

Warum wir diese Akzeptanz bei unserer Muttersprache fast nicht aufbringen, ist mir bis heute ein Rätsel. Nicht einmal zehn Prozent aller Schüler im deutschen Sprachraum wissen, wo man nachschaut, wenn man nicht weiß, wie etwas ausgesprochen wird. Sie kommen gar nicht auf die Idee, dass das manchmal notwendig ist. (Es gibt dafür den Duden Nr. 6, Aussprache-Duden.)

Wir sprechen im Deutschen natürlich **nicht**, wie wir schreiben. Niemand sagt »me-in« oder »he-ute«.

Hörbeispiel Cut 28

me-in	*he-ute*	*Mä-use*
mein	*heute*	*Mäuse*

Wenn die Wörter richtig, das heißt nach der Standardlautung ausgesprochen werden, klingen sie rund und voll.

m e i n = m a͜e n

h e u t e = h ɔ͜ö t^{hä}

Bringen wir es nochmals auf den Punkt: »Hochdeutsch« sprechen bedeutet, die Standard-**Lautung** der deutschen Sprache zu beherrschen. Auch für die Aussprache des Deutschen gibt es »Regeln«. Auch im Deutschen gibt es eine Aussprache, die wir als mustergültig empfinden. Sie ist das Ergebnis einer ausgleichenden Regelung zwischen den verschiedenen deutschen Sprachlandschaften. In ihrer gemäßigten Form hören wir sie als Sprache der Medien, in ihrer perfekten Form als die der dramatischen Schauspieler. Den öffentlichen Rednern dient sie als Richtschnur, auch wenn sie nicht von allen in jeder Situation vollkommen gemeistert wird. In den vergangenen 150 Jahren gab es wiederholte Versuche, eine bestimmte Aussprache auch festzulegen. Der bekannteste Versuch dieser Art war die »Deutsche Bühnenaussprache« (von Theodor Siebs) gegen Ende des 19. Jahrhunderts. Heute empfinden wir diese Bühnenaussprache als ziemlich übersteigert. Sie wich einer allgemeineren Gebrauchsnorm, die als Standardaussprache bezeichnet wird. Deren gültige Grundsätze sind: Sie ist überregional, einheitlich, schriftnah und deutlich. Sie erhebt keinen Anspruch auf Vollständigkeit, kommt aber der Sprechwirklichkeit so nahe wie möglich. Und im Hinblick auf unsere Artikulationswerkzeuge soll es so sein, dass wir mit möglichst wenig, aber präzisem (!) muskulärem Aufwand größtmögliche Deutlichkeit erreichen.

4. Die internationale Lautschrift

Zum Festhalten und Niederschreiben der Lautung gibt es die internationale Lautschrift der »Association Phonétique Internationale«, sie gilt für alle Sprachen. Es ist das am weitesten verbreitete Lautschriftsystem. Laute und Wörter in Lautschrift stellt man in eckige Klammern.

Hier die internationalen Lautzeichen:

Vokale

[ɑ]	langes, hinteres a: *Kahn*
[a]	kurzes, vorderes a: *Kanne*
[eː]	langes, geschlossenes e: *Beet*
[ɛ]	kurzes, offenes e: *Bett*
[ɛː]	langes, offenes e: *Käse*
[ə]	kurzes, unbetontes e: *getan, viele*
[iː]	langes, geschlossenes i: *bieten*
[I]	kurzes, offenes i: *bitten*
[oː]	langes, geschlossenes o: *Ofen*
[ɔ]	kurzes, geschlossenes o: *offen*
[uː]	langes, geschlossenes u: *Mut*
[u]	kurzes, offenes u: *Mutter*
[øː]	langes, geschlossenes ö: *Öfen*
[œ]	kurzes, geschlossenes ö: *öffnen*
[yː]	langes, geschlossenes ü: *Hüte*
[Y]	kurzes, offenes ü: *Hütte*
[æ]	Diphtong ei, ai: *mein, Main*

[ao]	Diphtong au: *Baum*
[ɔø]	Diphtong eu, äu: *heute, Häute*

Konsonanten

Nasale:	[m]	stimmhaft, m in *Meer*
	[n]	stimmhaft, n in *nie*
	[ŋ]	stimmhaft, ng in *lang*
Liquide:	[l]	stimmhaft, l in *Laut*
	[r]	stimmhaft, Zungenspitzen-R in *rot*
	[R]	stimmhaft, Zäpfchen-R in *rot*
Reiblaute:	[f]	stimmlos, f in *füllen*, v in *voll*, ph in *Philosophie*
	[v]	stimmhaft, w in *Welle*, v in *Vase*
	[w]	stimmhaft, w in *engl. »well«* (im Deutschen nicht hochsprachlich, aber in manchen Mundarten für [v])
	[s]	stimmlos, s in *dies*, ss in *Nuss*
	[z]	stimmhaft, s in *Reise*
	[ʃ]	stimmlos, sch in *schön*
	[ʒ]	stimmhaft, nur in Fremdwörtern: g in *Genie*, j in *Journal*
	[ç]	stimmlos, ch in *ich*
	[j]	stimmhaft, j in *ja*
	[x]	stimmlos, ch in *ach*
Hauchlaut:	[h]	stimmlos, h in *Haus*
Verschlusslaute:	[p]	stimmlos, p in *Paar*
	[b]	stimmlos, b in *Bar*
	[t]	stimmlos, t in *Tier*
	[d]	stimmhaft, d in *dir*
	[k]	stimmlos, k in *Kern*
	[g]	stimmhaft, g in *gern*

Betonung:	[’]	wird durch einen Akzent *vor* der Silbe angegeben

Sicher ist es auch für Sie ungewöhnlich, Ihre Muttersprache in der Lautschrift zu lesen:

’nɔygi:ɐ unt ɪntə’rɛsə zɪnt dɪ:

’bɛstən fo’rauszɛtsuŋən , ziç

auf das ’abntɔyɐ ’ʃtɪmə ’aɪntsulasən

5. Kleine Einführungslektion

Es geht also darum, auch die Muttersprache richtig **auszusprechen**. Zu diesem Zeitpunkt Ihres Lebens sollten Sie die Entscheidung treffen, ob Sie sozusagen den linken Schuh Ihrer Muttersprache auch anziehen wollen oder nicht. Den rechten Schuh – Rechtschreibung und Grammatik – tragen Sie ja hoffentlich seit der Schulzeit. Wenn Sie zunehmend außerhalb Ihrer Dialektregion vortragen wollen, lege ich Ihnen die Beherrschung der Standard-Lautung dringend ans Herz.

Hier eine kleine Einführungslektion (zugegebenermaßen, um Ihre Entscheidung positiv zu beeinflussen):

5.1 Vokale

Die Vokale (Selbstlaute) a, e, i, o, u kommen in der deutschen Standard-Lautung hauptsächlich in zwei Klang-Qualitäten vor: kurz und lang. Dialektgebundenheit entsteht oft, wenn sich in der Sprache die Längen und Kürzen nicht hörbar unterscheiden oder vertauscht werden.

Hörbeispiel Cut 29	*Hörbeispiel* Cut 30
Ahnen – Anna	*Made – Matte*
Ehre – Erbe	*Rede – Retter*
Ihnen – innen	*Liebe – Lippe*
Ofen – offen	*Wohnen – Wonne*
Ufer – Ulme	*Schule – Schuld*
(Anlaut)	(Inlaut)

Man unterscheidet auch zwei Klang-Qualitäten. Am Beispiel des O sehr genau zu hören. Man bezeichnet das lange O auch als geschlossenes O und das kurze O als offen. Das offene E wird wie »Ä« ausgesprochen.

Erster Schritt auf dem Weg zur Standardsprache: Arbeiten Sie den Unterschied zwischen langen und kurzen Vokalen in Ihrer Sprache sehr exakt heraus. Den langen Vokal lassen Sie rund und voll klingen, den kurzen Vokal energisch und rasch (kurz wird kurz, indem Sie den nachfolgenden Konsonanten unmittelbar nach dem Vokal sprechen). Der Unterschied zwischen lang und kurz soll so deutlich werden, dass Sie die Übungsreihen als rhythmisch empfinden. Halten Sie deutliche Pausen zwischen den Gegensatzpaaren. Dadurch verbessert sich Ihr Klangvolumen und die Dialektfärbung verringert sich deutlich. Durch vieles Üben wird die richtige Aussprache automatisiert und Ihnen in Fleisch und Blut übergehen.

5.2 Konsonanten

»d-t«, »b-p«, »g-k«. Die Unterschiede bezüglich harter und weicher Aussprache sollen sehr deutlich und exakt ausfallen. Durch die richtige Aussprache von Konsonanten erhöhen Sie in Ihrer Sprache Deutlichkeit und Präzision. Im Trainingscamp übertreiben Sie ruhig.

Hörbeispiel Cut 31

Dahlie – Taler	*der – Teer*
Bass – Pass	*Becher – Pech*
Gabel – Kabel	*gießen – Kies*

In der Sprechtechnik fallen solche Übungen unter den Ihnen bereits vorgestellten Begriff »Laut-Optimierung«. Das ist von Bedeutung, weil mit optimal gebildeten Lauten/richtiger Aussprache im Körper alle Sprechwerkzeuge optimal eingesetzt werden. Wenn Sie also Ihre Aussprache optimieren, beherrschen Sie nicht nur »richtiges Hochdeutsch«, Sie sprechen auch atem-physiologisch richtig. Standard-Lautung ist effizient, ökonomisch und unterstützt bereits auf der Lautebene die Übermittlung Ihrer Inhalte. Sie werden merken, dass Ihnen die Luft nicht mehr ausgeht. Sie sprechen nicht mehr zu schnell und setzen automatisch richtige Pausen. Zur Kontrolle im sprechtechnischen »Übungscamp« halten Sie Ihre Hand 15 Zentimeter vor den Mund. Beim Aussprechen der harten Konsonanten müssen Sie einen deutlichen Lufthauch spüren (siehe auch reflektorische Zwerchfellatmung, Seite 68).

VII. Stimme und Technik

1. Die Stimme am Telefon

Dem Stimmeinsatz und der Sprechtechnik sollten Sie am Telefon besondere Aufmerksamkeit widmen. Die Telekommunikation ist prinzipiell etwas, das uns Menschen nicht angeboren ist wie das persönliche Gespräch. Die Probleme dieses Mediums liegen in den so genannten Reduktionsfaktoren. Die Telekommunikation schränkt Stimme und Sprechweise durch menschliche und technische Gegebenheiten ein, und dazu kommen noch »außerirdische« Störfaktoren. Gegen die letzteren sind Sie wirklich machtlos, man stürzt ab, die Verbindung bricht ab, Sie rufen wieder an. Manchmal tut es Ihr Partner gleichzeitig ... der Ärger wächst. Die Tücken der Technik. Es empfiehlt sich, nachsichtig zu sein und freundlich zu bleiben. Niemand kann etwas dafür.

Für die menschlichen und technischen Reduktionsfaktoren gibt es hingegen sehr wohl Gegenmaßnahmen.

Der **Telefonfilter** eliminiert Blickkontakt, Körpersprache, Ihre persönliche Erscheinung und einen großen Teil der Stimm-Modulation. Ihr Partner am anderen Ende der Leitung ist quasi ein halbtauber Blinder: er sieht weder Sie noch Ihre Umgebung und hört Sie nur auf einem Ohr. Weil wir uns aber oft nicht auf diese Bedingungen einstellen, sind Unbehagen und Missverständnisse an der Tagesordnung: Das Telefon macht unsere Stimmung unfreundlicher. TelefontrainerInnen sind sich einig: **Lächeln Sie so viel wie möglich.** Bringen Sie so viel echte Freundlichkeit ins Gespräch ein, wie nur irgend möglich, um diesen Filter zu überwinden. Sie können davon ausgehen, dass das Telefon zwei Drittel Ihrer Intensität wegfiltert. Sie dürfen getrost sehr dick auftragen, damit der Anrufer

Ihr Lächeln **hört**. Es ist o.k., wenn Sie sich anfangs dabei übertrieben vorkommen.

Was Ihnen hilft, die Intensität zu steigern, ist der **Einsatz der Körpersprache**: gestikulieren Sie wie bei einem persönlichen Gespräch, den Erfolg werden Sie an der Reaktion des anderen erleben.

Krächzende und krachende Telefonleitungen gehören noch immer zum Alltag, rauschende Mobilfunkverbindungen sind nach wie vor nicht ganz gelöste technische Probleme. Oft ist die Umgebung, in der Sie telefonieren, sehr laut. Großraumbüros sind kontraproduktiv, wenn Sie ungestört sprechen wollen. Die Stimme wird von vornherein einige Grade unpersönlicher, sie klingt blechern. Hier kommt der richtigen **Haltung des Telefonhörers** große Bedeutung zu. Halten Sie das Mikrofonteil der jeweiligen Anlage nah, näher, so nahe es geht an die Lippen. Je leiser Sie sprechen können, umso besser. Die meisten ungeschulten TelefoniererInnen neigen zu maßlos übertriebener Lautstärke, wenn eine Telefonverbindung nicht klar oder die Umgebung zu laut ist. Eine befreundete Telefontrainerin berichtete von einer großen Bank mit hervorragenden Telefondamen. Ständig jedoch war eine aus dem Team heiser. Auffällig war, dass alle sehr laut telefonierten, ja fast schrien. Bis die Analyse ergab, dass die Damen gegen die gleich gegenüber befindlichen Kirchenglocken ankämpften ...

Die Feinheiten Ihrer Stimme werden besser übertragen, wenn Sie **nah am Mikrofon** sprechen. So nahe, dass Sie sich selbst im Hörer hören. Das ist die Garantie dafür, dass der andere Sie klangvoll und moduliert hört.

Gute Telefonkommunikatoren »singen« beim Sprechen, sagt Evelyn Stein, die »Grande Dame« auf diesem Gebiet. Setzen Sie deutliche Punkte und halten Sie Pausen ein.

Das **Sprechtempo** gestalten Sie bewusst langsamer, vor allem was den Anfang des Gesprächs angeht. Zu rasche Begrüßung wirkt sofort undeutlich und bissig. Langsamkeit ist auch angesagt, wenn es um die Vermittlung von Zahleninformation geht, Telefonnummern usw. Sprechen Sie unbedingt so, dass der andere mitschreiben kann.

Am besten hilft, wenn Sie in solchen Fällen selber die entsprechenden Ziffern mitschreiben, dann merken Sie sehr rasch, wenn man Ihnen nicht mehr folgen kann. Typische Situation: Sie geraten an einen Anrufbeantworter oder eine Mobilbox und hinterlassen eine Rückrufnummer. Ihr Partner/Kunde hat bestimmt keine Freude, wenn er das Band dreimal abhören muss, weil er sich die im Schnelltempo gesprochene Nummer nicht notieren kann. Im Übrigen sollten Sie die Ziffern jeweils einzeln nennen, um Missverständnisse möglichst zu vermeiden: »eins-null-null-drei-eins-drei-neun« lässt sich einfacher verstehen und mitschreiben als »einhunderteinunddreißig-neununddreißig«.

Mit der Einsicht, dass wir im Deutschen anders schreiben, als wir sprechen (siehe Kapitel VI.1 »Mundart oder Hochsprache«), fällt es Ihnen sicher leicht zu akzeptieren, dass »Herr Meier« am Telefon seinen Namen **immer** buchstabieren muss, um die richtige Schreibweise zu vermitteln: Maier, Mayer, Meyer, Majer, Mayr, Meyr?

Es empfiehlt sich, im Falle solcher Informationen auf das **Buchstabieralphabet** zurückzugreifen: A wie Anton, B wie Berta, C wie Cäsar usw.

Als UnternehmerIn achten Sie in Hinkunft vielleicht eine Spur aufmerksamer auf den hörbaren »Ruf« Ihrer Firma. Die Herren und Damen am Telefon sind die wichtigsten Anlaufpartner. Wählen Sie als TelefonistIn jemanden, der eine angenehme Stimme hat, deutlich und melodisch sprechen kann. Lassen Sie im Zweifelsfall Fachleute einen Test mit der von Ihnen ausgewählten Person machen bzw. schulen Sie Ihre Telekommunikatoren erstklassig. In der Telefonzentrale entsteht Kundenbindung – oder auch nicht.

Zur **akustischen Corporate Identity** gehören auch tadellos ausgesprochene Warteschleifen, Wochenend- und/oder Abendinformationen für den Anrufbeantworter. Bei Unsicherheiten über Formulierungen etc. fragen Sie am besten Fachleute. Das Risiko, dass potenzielle Kunden am Telefon vergrault werden, ist groß – zumal die Konkurrenz sicher schon ein Telefontraining absolviert hat …

Die Frage: Wie melde ich mich/wie meldet unser Team sich am Telefon?, lösen Sie am besten »trendy«. Der Trend geht wieder klar in die schlichte, einfache Richtung. Also kein: »Hier ist die Firma XY, Abteilung 7B, Sie sprechen mit Sabine Müller, was kann ich für Sie tun?«, sondern: »Firma XY, Sabine Müller (guten Morgen).«

2. Die Stimme am Mikrofon

Für viele SprecherInnen ist die Arbeit mit einem Mikrofon schlichtweg angstbesetzt. Anders ist es kaum zu erklären, wie viele RednerInnen Ihren Auftritt mit dem ungeschickten Gebrauch dieses technischen Hilfsmittels sabotieren. Die Gründe dafür sind meistens zu wenig technische Information und die fatale Einstellung: »Das Ding wird schon wissen, wie es funktionieren muss.« Ich kann nicht nachdrücklich genug betonen, dass es in der **Verantwortung des Redners** liegt, sich über die Handhabung von Mikrofonen zu **informieren** und zu **üben**. Es fällt in die absolute Vorbereitungspflicht, eine (richtige!) Mikrofonprobe abzuhalten. »Das modernste Material nützt nichts, wenn gewisse Grundregeln missachtet werden«, formuliert die Linzer Beschallungs-Expertin Hermine Pühringer. Beim Sprechen und beim Stimmgebrauch am Mikrofon müssen zahlreiche zusätzliche Gegebenheiten berücksichtigt werden: Raumschall, Akustik, Physik, Rückkoppelung, Frequenzaufbereitung, Mischpult, Poppschutz, Headset, Funkmikrofon etc. Reden allein genügt in diesem speziellen Fall nicht.

Grundsätzlich unterscheiden wir zwischen Sprechen im Studio und Sprechen vor Publikum. Im Studio gibt es meistens weniger Probleme. Eine entsprechende Betreuung durch den Tonmeister erleichtert die Arbeit. Sie bekommen direkte Anweisungen. Die Nervosität reduziert sich, weil Sie wiederholen können. Rückkoppelungsprobleme sind ausgeschaltet.

Beim Auftritt vor Publikum verhält es sich anders. Wenn Sie öfter mit Mikrofonen agieren, nehmen Sie sich grundsätzlich einmal Zeit, um sich ausführliche Informationen zu besorgen. Vielleicht kennen Sie einen Tontechniker, der Sie zwei bis drei Stunden einschult. Kurz vor Auftrittsbeginn genügt dann ein Kurzcheck.

Checkliste – Sprechen mit Mikrofon

- **Lautsprecher**

  Wo sind diese angebracht? Das Mikrofon muss in jedem Fall hinter den Lautsprechern platziert sein, sonst »pfeift« es. Wie groß oder wie klein ist daher Ihr Bewegungsspielraum?

- **Technisches Equipment**

  Es ist sinnvoll, herauszufinden, wo sich das Mischpult befindet bzw. wo sich der Tontechniker während des Vortrages aufhält. Falls keiner anwesend ist, müssen Sie in der Praxis selber Tonmeister spielen. Lassen Sie sich den entsprechenden Regler am Mischpult zeigen.

- **Saaltechniker**

  Ein Anruf am Vortag der Präsentation kann klären, mit welcher Betreuung Sie rechnen können oder auch nicht. Machen Sie mit dem Saaltechniker aus, wann Sie einander zur Mikrofonprobe treffen.

- **Sprechprobe**

  Ganz falsch ist: Einschalten – eins, zwei, drei zu sagen – und das war's. Brauchbaren Text für eine Sprechprobe liefern die Daten zum Tag und hohe Zahlen. Ein Beispiel: »*Dreiundzwanzig, vierundzwanzig, fünfundzwanzig, sechsundzwanzig, dies ist die Mikrofonprobe für den Vortrag XY, am Dienstag den 25. März 2010, in der Kurhalle von München …*« (Üben Sie nicht mit Text aus Ihrer Rede, es könnte ja sein, dass schon jemand anwesend ist).

Erste Sprechprobe im leeren Saal. Sie dient dazu, sich an das Mikrofon zu gewöhnen, herauszufinden, ob die Anlage grundsätzlich für Musik angelegt ist. In diesem Fall muss vor allem die Lautstärke für die Sprachverständlichkeit nach unten reguliert werden. Lautsprecheranlagen verlangsamen, wenn auch nur für Bruchteile von Sekunden, die Wortübertragung. Es dauert auch länger, bis einzelne Sätze ausgeklungen sind. Meist muss man ein bisschen langsamer sprechen.

Zweite Sprechprobe im vollen Saal. Mikrofonhöhe einstellen, falls vor Ihnen ein größerer oder kleinerer Redner am Wort war. Kurzprobe. »*Guten Tag meine Damen und Herren. Erlauben Sie mir vorneweg eine kurze Mikrofonprobe. Darf ich die Herrschaften in den letzten Reihen um ein Handzeichen bitten, wenn Sie mich gut verstanden haben ... Danke. Sollte sich das im Laufe des Vortrages ändern, ersuche ich Sie um ein deutliches Signal! ...*« So ein souveräner Satz am Beginn zeugt von Ihrer Professionalität und Ihrer Wertschätzung für die Zuhörer.

✶ **Mikrofon**

Welches ist vorhanden?

Kabelmikro (drahtgebundenes Mikrofon): begrenzter Bewegungsspielraum

Funkmikro (drahtloses Mikrofon): Ist die Batterie in Ordnung, sprich neu?

Ansteckmikrofon: Ihr Outfit muss einen entsprechend festen Kragen haben, um den Befestigungs-Clip anzubringen, keine raschelnde Seide, keine Flatterstoffe. Nicht seitlich am Revers anbringen, sondern in der Mitte – bei lebhaften Kopfbewegungen wechselt sonst die Lautstärke unangenehm und störend. Die Funkstation wird meist am

Gürtel oder Bund angebracht. Das schließt z. B. Kleider, Overalls und zu enge Kleidung aus.

Kopfbügelmikrofon (Headset): Frisur beachten. Brille könnte zum Problem werden. Wenn fotografiert wird, müssen Sie mit dem schwarzen Mikrobügel mitten im Gesicht rechnen.

Stativmikrofon: Höhe einstellen. Sich vorher erkundigen, wie sich die Höhe einstellen lässt. Nichts wirkt so peinlich, wie jemand, der davon keine Ahnung hat und sich mit »ja, ja, die Technik« aus der Affäre ziehen will.

Rednerpultmikrofon: Nicht umdrehen und nach hinten sprechen, auch wenn z. B. Ehrengäste hinter Ihnen platziert sind. Sagen Sie, was Sie sagen müssen, und wenden Sie sich dann kurz mit einem Kopfnicken nach hinten.

Handmikrofon: Beachten Sie Ihre Rededauer, so ein Mikrofon wiegt etwa 250 Gramm. Zwischendurch die Hand wechseln. Das ruhige Halten eines Mikrofons muss geübt sein. Trainieren Sie zu Hause öfter mit einer Attrappe, einem dicken Filzstift. In dieser Situation können Sie nur mit einer Hand gestikulieren. Sie haben auch für eventuelle Unterlagen nur mehr eine Hand frei. Vielleicht lässt sich dafür ein Sessel in Ihrer Nähe platzieren. Was müssen Sie außerdem noch handlen, z. B. Laserpointer, Laptop, Diaprojektor, Zeigestab, Flipchart, Overheadfolien etc.?

Mikrofone haben eine Richtcharakteristik. Der Schalleinlass ist vorne, nicht seitlich – **der häufigste Praxisfehler**!

Abbildung 10: Handhabung des Mikrofons

VIII. Singen

Gott achtet mich, wenn ich arbeite.
Gott liebt mich, wenn ich singe.

Rabindranath Tagore

Anna kommt wegen Sprechproblemen. Singen will sie nicht. Sie berichtet im Erstgespräch von einem Standardsatz ihres Vaters, den er witzig meinte: »Bei uns in der Familie kann keiner singen, ha, ha!« Wenn alle schliefen, kroch Anna unter ihre Bettdecke und sang Lieder nach, die sie im Radio gehört hatte. Sie war gewöhnt, im Zustand der Angst zu singen, sie verstieß ja gegen eine Familienregel. Als Erwachsene ist sie chronisch heiser.

Robert hat regelrechte Panik vor dem Singen. Ein Lehrer hatte gemeint, er »intoniere falsch«. Zur Strafe musste er seinen Klassenkameraden vorsingen, damit sie ihn auslachten.

Peter lernt im Kindergarten mit vier Jahren das Lied »Hänschen klein«. Er beobachtet aufmerksam seine Kindergärtnerin. Die zieht fleißig die Luft ein und die Schultern dabei hoch, wackelt mit dem Kopf nach links und rechts, verzieht den Mund, verdreht die Augen. Sie will lieb und putzig sein. Kleine Kinder lernen am Vorbild. Peter macht die Kindergärtnerin nach, wenn er selber singt. Ab diesem Moment ist sein Singen mit all diesen Verspannungen verbunden. Später wird er erzählen, dass er nicht singen kann.

Zahlreich sind die Beispiele der Wiener Gesängspädagogin Marie-Therese Escribano von Menschen, die Singen als Kommunikationsmöglichkeit in ihrem Leben vergessen, verdrängt und ausgeschlossen haben.

»Um Himmels willen, bloß nicht Singen!« sagen auch viele meiner Klienten. Vorbeugend. Schon bei der ersten einfachen Anleitung zum Summen des »mmmmmm«.

»Solistisches Singen **nur** auf freiwilliger Basis!« – steht in der Ausschreibung eines Workshops »Wege zur Singstimme«.

Was läuft hier falsch?

Viele Menschen wurden in ihrer Jugend so entmutigt, dass sie die Freude am Singen verloren haben. Bei vielen wird meist schon in der Kindheit die Gesangslust verschüttet. Natürlich kann man im weiteren Leben auf das Singen verzichten, zum Überleben brauchen wir keinen Gesang. Aber es fehlt etwas. Es fehlt etwas, was jeder Mensch mit gesunder Stimmfunktion von Mutter Natur bekommen hat: Eine Stimme nicht nur zum Sprechen, sondern auch zum Singen. **Warum** der Mensch singt, ist bis heute eine nicht eindeutig geklärte Frage. **Dass** der Mensch singt, steht außer Zweifel.

Mönche und Nonnen singen. Betende Menschen aller Religionen singen oder sprechen im Singsang. Alte Menschen summen vor sich hin. Krieger singen. Menschen bei der Arbeit singen. Der Rhythmus lässt mühevolle Arbeit leichter von der Hand gehen. Kinder singen grundsätzlich gern. Mütter und Großmütter singen Kinder in den Schlaf. Menschen singen beim Wein. Selbst Betrunkene singen selig. Fernsehzuschauer singen beim »Musikantenstadl« mit. Fans von Herbert Grönemeyer singen mit.

Unzählig sind die Märchen, Sagen, Legenden, Mythen, Geschichten, in denen der Gesang eine Hauptrolle spielt. Die Sirenen, die Odysseus betören. Orpheus, dessen magischer Gesang wilde Tiere bändigt.

Wozu wir die Stimme haben, scheint einleuchtend. Zum Kommunizieren. Die menschliche Stimme ist das ausdrucksstärkste Kommunikationsorgan der Natur. Ursprünglich war das sehr einfach. Die Stimme verwendeten wir Menschen genauso wie die Tiere ihre Lautäußerungen: zum Anlocken und zum Abschrecken. Tiere drücken einen Erregungszustand aus, warnen ihre Artgenossen vor Gefahren, geben an und gehen mit der Stimme auf Partnerwahl. Interessant und auch für den Laien hörbar: melodiös sind Lock- und Werberufe, geräuschvoll die Warn- und Drohlaute.

Lange bevor Menschen das erste Wort über die Lippen brachten, konnten sie singen und tönen. Lange bevor wir mit Sprache Gedanken und Ideen mitteilten, brachten wir Laute und Töne hervor, die elementare innere Zustände ausdrückten: Lust, Schmerz, Triumph, Trauer, Angst, Hass, Wohlbefinden, Jubel, Zorn und immer wieder Liebe. Wenn wir sprechen, sind im Gehirn jene Teile aktiv, in denen logisches Denken und abstraktes Vorstellen daheim sind. Wenn wir singen, sind jene Gehirnregionen beteiligt, in denen sich unsere Gefühle abspielen.

Das könnte auch der Grund sein, warum so viele Menschen viel lieber Sprechen lernen wollen als Singen. Warum Manager leichter eine Rede vor 500 Zuhörern halten, als für die eigene Ehefrau »Happy Birthday« zu singen. Sprechen kann man auch ohne große innere Beteiligung. Singen nie ohne Gefühl. In der modernen Businesswelt sind Emotionen, vor allem negative und starke, nicht gerade trendy. Erlaubt und angestrebt werden Coolness und Pokerface. Und dann wundern sich die unbewegten Gesichter und klangreduzierten Körper, warum sie andere Menschen nicht motivieren können. »Movere« heißt aber »bewegen« ...

Babys singen, bevor sie sprechen. Stimmentwicklung verläuft vom Singen zum Sprechen. Das Baby lallt und gibt verschiedene Töne von sich. Die Stimme als natürliche Körper-**Funktion** beginnt sich zu entwickeln. Wenn es lacht oder weint, macht es genau dasselbe wie ein perfekt ausgebildeter Tenor beim hohen C! Ausnahmslos alle Kinder singen gern, sofern man sie ermutigt. Kinder kennen kein richtig oder falsch. Kindern fällt es so leicht, zu schreien, zu flüstern, zu kreischen, laut zu singen, ungeniert den Körper dabei zu bewegen. Das Singen mit den Kleinen ist durch nichts zu ersetzen. Kinder, die regelmäßig singen und musizieren, haben einen höheren Intelligenzquotienten. Weitere Studien belegen eindeutig, dass singende Kinder besser motiviert und leistungsfähiger sind. Sie haben weniger Minderwertigkeitskomplexe, dafür eine höhere Teamfähigkeit. Sieger der Pisa-Studie (europäischer Schülerwissen-

Standardvergleich) ist nicht zufällig das klassische »Singland« Finnland.

»In unserer Kultur wird oft zu einem sehr frühen Zeitpunkt aus der Stimmfunktion eine **Leistung**. In der Schule gibt es Beurteilungen des Singvermögens. Das ist genauso absurd, wie eine halbjährliche Benotung der Darmfunktion wäre. Entmutigte Kinder genieren sich für ihre Stimme, pressen die Lippen zusammen, verspannen den Kiefer ... und verstummen bald. Die Singstimme ist allerdings die Grundlage für das Sprechen. Wenn das Singen verboten wurde, dann gibt es später Probleme mit dem Sprechen«, erläutert Escribano, die »Anwältin« der Singstimme.

Es geht keineswegs darum, ob Sie Sänger werden wollen/können, ob Sie die Töne treffen, ob Sie ein Publikum haben. Wenige, ganz wenige Menschen verdienen auf der Welt ihre Brötchen mit der Singstimme. Aber fast alle Menschen haben eine Singstimme bekommen. Niemand muss sich an der Callas, an Pavarotti, Domingo, Sinatra, Madonna, Janis Joplin oder den Beatles messen. Das macht gar keinen Sinn. Aber für den Badewannentango bei Ihnen zu Hause, unter der Brause, sollte in Ihrem Leben Platz sein.

Singen ermöglicht Ihnen das Ausschütten von Emotionen. Ist nicht gerade für die Seele des modernen Menschen der konstruktive Ausdruck von Gefühlen besonders notwendig? Singen ist wie eine Reinigung von Aggressionen, Ängsten, Leidenschaften. Singen ist Quelle elementarer Kraft und des Glücks. Singen bedeutet sich öffnen, nach außen zeigen, wer Sie sind, was Sie bewegt. Das ist aufregend und herausfordernd. Vor allem für die besonders »vernünftig« gewordenen Erwachsenen. Es erfordert auch Mut, und Sie müssen es wirklich wollen.

Singen kostet nichts. Da es weder der Selbst- noch der Arterhaltung dient, ist es dem Wesen nach ein selbstgenügsamer Genuss. Ich ermutige Sie, sich diesen Genuss zu gönnen. Zumal Singen vor dem Hintergrund aktueller Forschungsergebnisse Ihr Leben bereichert und entspannt. In der Großhirnrinde sind unsere Kreativität, unsere Phantasie, unsere geistige Wachheit, unsere Gestimmtheit zu

Hause. Wenn die Großhirnrinde aktiv ist, sind Sie »gut drauf« und »hell im Kopf«, dann machen Sie »brainpower« mobil. Die Großhirnrinde funktioniert nach der Art eines Fahrraddynamos als Energielieferant. Hohe Frequenzen erzeugen diese neuronale Energie. Vor allem die Obertöne Ihrer Stimme sorgen für die Stromladung. Wann immer Sie untertags summen, pfeifen, singen, erzeugen Sie diesen Selbstladeeffekt. Singende und pfeifende Menschen sind besser gelaunt. Seit Jahrtausenden verändern wir Menschen unsere »Gestimmtheit« erfolgreich mit den Tönen, die wir selbst produzieren. Wenn Kinder sich im Dunklen fürchten, singen sie. Arbeitslieder, Marschlieder, Ausflugslieder dienen auch dazu, dass wir Anstrengungen fröhlicher begegnen. Wenn bei einer langen Autofahrt die Konzentration nachlässt, kurbeln Sie das Fenster herunter (Großhirnrinde braucht auch Sauerstoff) und drehen das Radio voll auf. Ab dem Moment, in dem Sie selbst mitsingen, kommt die Energie zurück. Wenn Sie selber ChorsängerIn sind, werden Sie bestätigen: Nach einem Acht-Stunden-Tag geht es ab in die Chorprobe. Nach zwei Stunden Singen ist Ihr Akku so geladen, dass Sie unbedingt mit den Kollegen und Kolleginnen noch auf ein Bierchen gehen müssen. Schlafen kommt später.

Singen ist Zwischendurch-Erholung im Arbeitsstress: Mantras, Rhythmen, Summen, Pfeifen können wirkungsvoll die Gedankenflut stoppen. Eine Strophe von Ihrem Lieblingslied im Aufzug, auf dem Gang vor Ihrem Büro, in der Tiefgarage ...

Singen erhält gesund. Es erhöht die körperlichen Abwehrkräfte. Singen scheint physiologische Vorgänge des vegetativen Nervensystems positiv zu beeinflussen. Nervosität, Asthma, selbst Depressionen können mit Gesang als Zusatzmaßnahme gelindert werden.

Singen fördert die Sprechstimme. Die Sprechstimme wird melodiöser, verliert ihre Monotonie. Und weil man sich an die Melodie, an den Rhythmus und an die Länge der Pausen anpassen muss, lernt man die Disziplin des Atmens und die Gymnastik des Zwerchfells.

Singen macht glücklich. Der ausgelebte und zugelassene »Singtrieb« des Menschen schenkt ein großes Maß an innerer Zufriedenheit, weil wir mit unserer Wahrhaftigkeit in Kontakt sind. Der ungebremste Atem beim Singen bringt Vitalität und Lebendigkeit. Und das ist es auch, was uns an Sängerinnen und Sängern, gleich welcher musikalischen Richtung, berührt und fasziniert. Große Stimmen müssen nicht schön sein. Sie rühren uns an, wenn sie ehrlich sind, wenn sie alles durchklingen lassen, was einen Menschen und seine Lebensgeschichte ausmacht. Singen ist Lebensbejahung, in allem was das Leben bietet.

Wenn Sie nach der Lektüre dieser Zeilen den Wunsch zu singen auch nur im Keim spüren, bitte zögern Sie nicht und erfüllen Sie sich Ihre (heimliche) Sehnsucht. Suchen Sie sich in der Nähe einen Gesangspädagogen und schenken Sie sich selber fürs erste zehn Stunden Stimmbildung. Es ist ein erbauliches Gefühl, wenn sich einmal in der Woche oder auch einmal im Monat eine ganze Stunde lang eine Fachfrau/ein Fachmann mit **Ihrer** Stimme befasst. Sie brauchen niemandem davon zu erzählen, erst dann, wenn Sie von der persönlichen Bereicherung durch den Gesangsunterricht überzeugt sind.

Ein französischer Arzt wurde zu Benediktinermönchen gerufen. Diese litten unter Appetitmangel und waren extrem müde. Die Untersuchung ergab kein körperliches, sondern ein auditives Problem. Das Leben der Mönche hatte sich in den 70er-Jahren nach dem II. Vatikanischen Konzil drastisch verändert. Auch die gemeinsamen Gesänge waren eingestellt worden. Der Arzt verschrieb die Wiederaufnahme dieser Gesänge, die früher acht Mal am Tag in der Gemeinschaft stattfanden. Innerhalb von sechs Monaten waren alle Mönche gesund.

IX. Tipps und Maßnahmen zur Stimmpflege

Sprechen ist die Verbindung
zum Fühlen und Tun des Körpers.

Samy Molcho

1. Wer kümmert sich um Ihre Stimme?

Hals-Nasen-Ohren-Arzt

Die meisten von Ihnen haben wahrscheinlich irgendwann in Ihrem Leben einmal Probleme mit Ihrer Stimme gehabt. Viele Erkältungskrankheiten ziehen auch den Kehlkopf in Mitleidenschaft. Man ist einige Tage heiser oder gar ganz ohne Stimme. Wenn Sie lautstark Ihre Lieblingsfußballmannschaft unterstützen oder mit einer lustigen Runde die Nacht durchmachen, kommt es nicht selten vor, dass Sie am nächsten Tag Stimmprobleme haben. Meistens reichen einige Tage Stimmruhe aus, um zu Ihrer gewohnten Stimmqualität zurück zu finden. Ganz anders aber, wenn Ihre Stimme nicht mehr so klingt, wie Sie sie kennen. Wenn das Sprechen plötzlich anstrengt. Wenn Sie befürchten müssen, einer stimmlichen Beanspruchung nicht gewachsen zu sein.

Der HNO-Arzt/Ärztin ist Ihr Ansprechpartner zur Untersuchung und Abklärung aller Störungen, aller krankheitsbedingten Beeinträchtigungen. Da eine Stimmerkrankung die stimmliche Leistungsfähigkeit und damit die Kommunikationsfähigkeit einschränken kann, sollte die Ursache dafür diagnostiziert werden. Erst dann kann man beurteilen, welche Therapiemaßnahmen zu ergreifen sind. Zur genauen Diagnose wenden Sie sich an die Stimmspezialisten: HNO-Fachärzte und Phoniater (Facharzt für Stimm- und Spracherkrankungen).

Eine Stimmuntersuchung ist nicht nur im Krankheitsfall sinnvoll, sondern auch vor Beginn eines sprechtechnischen Trainings oder natürlich, wenn man eine stimmberufliche Laufbahn einschlägt. Es erscheint einleuchtend, dass Sänger oder Schauspieler über besonders gute stimmliche Voraussetzungen verfügen müssen. Ein Stimmtest empfiehlt sich auch dann, wenn Sie in einem der modernen Kommunikationsberufe tätig sind. Solche Berufe setzen eine gesunde und überzeugende Stimme voraus. Die intensive Nutzung neuer Kommunikationsmedien, wie Handy und computerisierte Spracherkennungssysteme, führen zu zusätzlicher Stimmbelastung in vielen Lebensbereichen. Hängt Ihr Gehaltszettel mit dem Gebrauch Ihrer Stimme zusammen, sind Sie sogar ein professioneller Stimmarbeiter (Voice-Worker).

Die Stimme verändert sich im Laufe eines Menschenlebens, z. B. durch hormonelle Umstellungen in der Pubertät oder in den Wechseljahren. Hormonelle Schwankungen im Monatszyklus können mit Stimmveränderungen einhergehen. Um mit diesen Veränderungen gut umgehen zu können, ist die regelmäßige Stimmuntersuchung sehr hilfreich.

Die stimmdiagnostische Untersuchung:
Das Hauptsymptom einer Stimmerkrankung ist die Heiserkeit. Je nach Ursache klingt sie ganz verschieden. Manchmal klingt sie rau wie ein Reibeisen, manchmal behaucht, als würde die Luft unkontrolliert entweichen. Der Volksmund beschreibt einen gestörten Stimmklang als klirrend, knarrend, belegt, schnarrend, kratzig.

Der Arzt wird wissen wollen, welche Beschwerden Sie in welchen Situationen verspüren. Er fragt nach Klangveränderungen, Stimmermüdungen, Räusperzwang und vieles mehr. Es ist gut, wenn Sie bereits im Vorfeld auf solche Symptome achten, wenn es im Hals wehtut. Ihre Beobachtungen sind für den Arzt hilfreich. Wundern Sie sich nicht, wenn er bereits während des Gesprächs auf

Ihre Stimme achtet und interessiert in Ihr Gesicht und auf Ihren Hals schaut. Oft ist eine falsche Sprechtechnik Grund für ein funktionelles Stimmproblem.

Bereits mit einfachen Hilfsmitteln wird bei einem Stimmtest eine Reihe von Merkmalen erfasst:

- **Tonhaltedauer**. Mit einer Stoppuhr wird gemessen, wie lange Sie einen Ton, meist ein »A«, halten können. Mit einer gesunden Stimme können Sie das mindestens 15 Sekunden lang. Damit der Atem nicht stört, wird manchmal auch ein stimmloses »S« und anschließend ein stimmhaftes »Z« verwendet. Nach drei Wiederholungen werden die jeweiligen Maximalwerte dividiert. Werte über 1,4 weisen auf eine Stimmstörung hin.
- **Stimmfeldmessung**. Damit werden die Konstitution und die Leistungsgrenzen der Stimme ermittelt. Eine gesunde Stimme muss mit einem Schalldruckpegel von mindestens 90 Dezibel rufen können. Das entspricht dem »Jedermannruf« über den Salzburger Domplatz. Zwischen der Rufstimme und der entspannten Sprechstimme sollten mindestens 35 Dezibel Steigerungsmöglichkeit vorhanden sein. Von einer gesunden Singstimme wird ein Tonhöhenumfang von ungefähr 24 Halbtönen erwartet. Aus den Messwerten Lautstärke und Tonhöhe kann der Arzt die Leistungsreserven und die Stimmkonstitution ablesen.
- **Schwingungsmuster der Stimmlippen**. Der Stimmarzt verwendet ein Endoskop für die Stimmlippenbeurteilung. Mit hochwertigen Minikameras, die über die Nase und den Rachen eingeführt werden, wird das Schwingungsmuster der Stimmlippen per Video oder digital aufgezeichnet. Keine Sorge, das Endoskop sieht zwar nicht gerade vertrauenserweckend aus, aber mehr als ein »Krabbeln« in der Rachenregion werden Sie nicht verspüren. Auch der Blick in den Kehlkopf mit dem kleinen runden Spiegel gehört zu jeder HNO-Untersuchung.

* **Belastungstest.** Der Patient muss über 20 Minuten mit einer Lautstärke von 80 Dezibel sprechen, das ist eine hohe stimmliche Anforderung. Eine gesunde Stimme kann das jedoch ohne Probleme erfolgreich bewältigen.
* **Hörtest.** Zur Überprüfung des audio-vokalen Regelkreises.
* **Atemtest** sowie Beobachtung von Körperhaltung und Körperspannung runden den Stimmstatus ab.

Wir wissen heute also sehr genau, was eine gesunde Stimme können muss. Zögern Sie nicht, wenn Sie auch nur geringe Zweifel an Ihrer eigenen stimmlichen Leistungsfähigkeit haben. Kontaktieren Sie einen Spezialisten. Es kann einfach auch einmal ganz interessant sein, die eigene Stimme auf dem medizinischen Prüfstand zu wissen. Die Gewissheit, dass die eigene Stimme im anatomischen Sinn gut funktioniert, bringt Sicherheit. Im Bedarfsfall wissen Sie schon, was auf Sie zukommt. Die Hemmschwelle, den Ihnen vertrauten Spezialisten aufzusuchen, ist wesentlich geringer.

Heiserkeit, die länger als drei Wochen besteht, gehört in jedem Fall ärztlich behandelt! Als professioneller Stimm-Arbeiter suchen Sie längstens nach zwei Tagen fachärztlichen Rat (siehe auch Serviceteil).

Eine Kontrolluntersuchung beim Arzt ist auch dann angesagt, wenn Sie immer wieder einen Knödel/Kloß im Hals verspüren, ständig Schluckbeschwerden und/oder ein enges Gefühl im Hals haben. Lassen Sie Ihre Schilddrüse untersuchen.

Zahnarzt

Das Abenteuer Stimme führt uns auch in die Zahnarztpraxis. Üblicherweise ist es so, dass unser Sprechvermögen im Alter von etwa drei Jahren das erste Mal genauer vom Zahnarzt beurteilt werden kann. Das ist natürlich nicht seine Hauptaufgabe, aber es ist seine

Aufgabe, die anatomischen Grundvoraussetzungen des komplexen Systems »Stimme + Sprache« auf seine Gegebenheiten hin zu untersuchen. Wenn Sie kleine Kinder haben, fragen Sie gleich beim ersten Zahnarztbesuch danach. Beim körperlich und geistig gesunden Kind liegen zu diesem Zeitpunkt natürlich noch keine Sprachstörungen vor, wie sie zahnärztlich oder logopädisch behandelt werden müssen.

Worauf achtet der Zahnarzt bei Kindern genau?

- Auf die **Haltung des Kindes**. Wenn es z. B. den Kopf schief hält (Schiefhals), kann das auf eine gestörte Verbindung des Innenohrs mit dem Rachen hinweisen. Häufige Entzündungen im Mittelohr sind die Folge. Wenn die Mundpartie schlaff wirkt und eher hängend, der Mund zumeist offen ist, die Atmung vorwiegend über den Mund und nicht über die Nase erfolgt, stimmt die Grundspannung der Zungen- und Lippenmuskulatur nicht. Oft ist dann die Nasenatmung behindert, das Kind hat häufige Infekte der oberen Luftwege. Die Stimmbänder leiden mit. Der Zahnarzt überweist an den HNO-Facharzt.
- Wie passen die **Zahnreihen** zueinander? Schließen die Lippen? Wenn die Lippen über der Zahnreihe nicht geschlossen werden können, gibt es Probleme beim Aussprechen von »P«, »B« und »M« (Verschlusslaute).
- Wie steht es um die **Zungenbeweglichkeit**? Bei Kindern sind die Zungenbänder manchmal sehr kurz, was die Beweglichkeit der Zunge sehr einschränkt, z. B. Schnalzlaute sind kaum möglich, weil die Zunge nicht zum Gaumen gelangt. Unter örtlicher Betäubung »befreit« der Zahnarzt hier die Zunge. Wenn die Lippenbänder (fahren Sie mit Ihrer Zungenspitze über die Schneidezähne zur Lippe hinauf, dann spüren Sie das mittlere Lippenband) zu stark mit dem Kiefer verwachsen sind, ist die präzise Lautgebung gestört. Auch hier hilft ein kurzer Eingriff.

- Zusätzlich schenkt der Zahnarzt dem kindlichen **Schluckmuster** Beachtung. Als Baby praktizieren wir ein so genanntes viscerales Schluckmuster. Das brauchen wir, um von der Brust zu trinken. Kräftiges Saugen an der Brust fördert eine normale Muskelentwicklung. Ansätze an Trinkflaschen sollten keine zusätzlichen Löcher bekommen. Bei der Aufnahme der Fläschchennahrung soll sich das Kind ein bisschen »anstrengen«. Fläschchenansätze und Schnuller müssen anatomisch geformt sein.
  Das korrekte Erwachsenenschluckmuster ist das somatische Schlucken. Die Zunge presst sich dabei an den oberen Gaumen. Wenn das Kind bis längstens zum dritten Lebensjahr das Muster nicht umgelernt hat, dann wird die Zunge bei jedem Schluckakt zwischen den Zähnen nach vorne gepresst und bei vielen Lauten sichtbar. Das ist eine ganz schlechte Voraussetzung fürs Sprechen. »T«, »S« und »SCH« zischen. Das Kind stößt mit der Zunge an. Zusätzlich kann sich eine Kieferfehlstellung entwickeln.

- Ein vorzeitiger Verlust der Vorderzähne, durch Karies oder Unfälle, führt zu Lautbildungsstörungen. Der Zahnarzt überprüft weiters, ob die Zähne zusammenpassen, ob es eine Vielzahl von harmonischen Zahnkontakten zwischen oben und unten gibt. Der Kreuzbiss, eine häufige Zahnfehlstellung, kann den Zungenraum beeinträchtigen und sollte sobald wie möglich behandelt werden. Der Zahnarzt kann mit Zahnspangen, welche auf die Zungenbeweglichkeit Rücksicht nehmen, diese Fehlstellung korrigieren.

Solange der junge Mensch wächst, kann man knöcherne Veränderungen im Wachstum des Gesichtsschädels positiv beeinflussen, sodass die Verhältnisse im Mund und Rachenraum besser stimmen. In dieser Phase kann einiges bewirkt werden, damit fürs Sprechen und Singen die bestmöglichen körperlichen Voraussetzungen gegeben sind.

Beim Erwachsenen beeinflusst vor allem die Position der Schneidezähne das Sprechvermögen. Über die Jahre reiben sich die Zähne stetig ab. Der Abstand zwischen Kinn und Nasenspitze verringert sich. Obwohl sich dieser Abrieb in einer Größenordnung von nur zwei bis drei Millimetern abspielt, ist das in den Dimensionen des Ansatzrohres gerechnet sehr viel. Dieser Umstand ist vor allem beim Anfertigen von Zahnersatz zu beachten. Bei Überkronungen, Implantaten, Prothesen lässt der Zahnarzt die Patienten beim Anfertigen des Zahnersatzes z. B. »Mississippi« oder »66« sagen, um zu überprüfen, ob der Zahnersatz gutes Sprechen ermöglicht.

Hinweis: Jede Prothese kann anfangs Probleme beim Sprechen machen. Wenn Sie fünf Tage lang eine halbe Stunde lang laut lesen, müsste die Umstellung abgeschlossen sein. Ansonsten heißt es: Zurück zum Zahnarzt!

Diplomierte LogopädInnen

Sie arbeiten eng mit dem Arzt zusammen bei der Diagnose der Grundprobleme. Diplomierte Logopäden gehören zu den so genannten »gehobenen medizinisch-technischen Diensten«. Die Ausbildung an einer Akademie für den logopädisch-phoniatrisch-audiologischen Dienst dauert mehrere Jahre und befähigt, Störungen des Sprachverständnisses, der gesprochenen und geschriebenen Sprache, des Sprechens, der Atmung, der Stimme, der Mundfunktionen und des Hörvermögens zu therapieren. Dieses breite Fachspektrum wird in der Öffentlichkeit unterschätzt. Logopäden besucht man ungern. Falls die Störung nicht dazu zwingt, wird der Besuch oft viele Jahre aufgeschoben. Es darf eigentlich heutzutage nicht mehr sein, kommt aber leider noch vor, dass selbst Generaldirektoren mit einem nicht behobenen s-Fehler sprechen.

Logopädischer Therapiebereich: Am bekanntesten ist der Einsatz von Übungs- und Korrekturprogrammen bei s- und sch-Fehlern, Lispeln und Näseln. Die Lippen-Kiefer-Gaumenspalte (»Hasenscharte«) und das Stottern gehören auch dazu. Vom Kindergartenkind über Jugendliche bis hin zum Erwachsenen wird therapiert. Wenn z. B. ein Kind mit dreieinhalb Jahren noch gar nicht spricht, einige Laute nicht richtig spricht oder auslässt, sollte ein diplomierter Logopäde aufgesucht werden. Wenn der Zahnarzt bei der Anpassung von Zahnspangen falsche Schluckmuster diagnostiziert, müssen diese bei Kindern und Jugendlichen vom Logopäden korrigiert werden.

Phoniatrischer Therapiebereich: Alle effizienten Maßnahmen, um die gesunde Stimme zu erhalten oder wiederzuerlangen. Heiserkeit, Stimmbandknötchen, Stimmtherapie nach Stimmbandoperationen. Logopäden sind auch zuständig für eine »schwache« Stimme, wenn Stimmbänder nicht genügend belastbar sind, wenn man beispielsweise zu leise spricht und beim Lautwerden rasch heiser wird. Organisch oder funktionell überlastete Stimmen (Lehrer, Erwachsenenbildner, Trainer, Vortragende etc.) sind beim Logopäden zur Stimmpflege an der richtigen Stelle.

Audiologischer Therapiebereich: Die Logopäden sind zudem zuständig für die auditive Rückkoppelung. Sie führen Hörtests durch, Hör- und Sprachtraining nach der Hörgeräteanpassung und Sprachanbahnung bei hörgeschädigten Kleinkindern.

LogopädInnen führen Therapien, Diagnostik, Beratung und Prävention auf ärztliche Anordnung, jedoch eigenverantwortlich durch. Sie behandeln nicht chirurgisch und nicht medikamentös. Sie finden LogopädInnen über die Dachverbände der Länder (Serviceteil).

SprachheillehrerInnen

Ihr Einsatzgebiet sind ausschließlich Schulen und Kindergärten. Es können diplomierte LogopädInnen sein, meistens sind es aber heilpädagogische SonderkindergärtnerInnen oder SprachheilpädagogInnen. Diese erhalten ihr logopädisches Wissen innerhalb ihrer mehrjährigen sonderpädagogischen Ausbildung. Sie kümmern sich um Kinder mit Sprachstörungen. Ihr Fachgebiet erstreckt sich auch auf Legasthenie (Schriftsprachenerwerb) und Mehrsprachigkeit (nichtdeutsche Muttersprache).

Stimmtherapeuten

Die Beschäftigung mit dem Thema »Stimme« ist keine Erfindung der Neuzeit. Im antiken Rom gehörte es zur klassischen Erziehung, sich in der Redekunst ausbilden zu lassen: Inhalt **und** Gestaltung waren wichtig. Quintilian ist einer der heute noch viel zitierten römischen Sprechlehrer. Platon, Aristoteles, Pythagoras philosophierten über die Stimme. Mit den Namen von Pythagoras, Hippokrates und Aristoteles verbindet sich die Entstehung des modernen Begriffes Phonetik. Zwischen Mittelalter und der Renaissance stellte man meist theologische Betrachtungen über die Stimme an. Eine anatomische Studie vom Kehlkopf fertigte Leonardo da Vinci bereits ziemlich genau an. 1855 nahm der spanische Gesangslehrer Manuel Garcia einen Zahnarztspiegel, hielt ihn an das Gaumensegel und betrachtete in einem zweiten Spiegel seine Stimmbänder während des Singens! Seit damals gehört der Kehlkopfspiegel zur stimmdiagnostischen Untersuchung. Mit dem Fortschritt in der Medizin und dem Aufschwung der Therapie zeichneten sich vor ca. 100 Jahren die ersten methodischen Ansätze der Stimmforschung ab. In Berlin, Prag und Wien arbeiteten berühmte Phoniater. Ihre praktischen Übungen, die sich an Stimmsymptomen orientieren, werden Ihnen heute noch begegnen. Zum Beispiel die weltweit bekannte **Kauphonation** von Emil Froeschels. Etwa ab 1920 wurde die Atmung als wesentliche Voraussetzung für die Stimmfunktion bewusst einbezogen. Mit Klara Schlaffhorst und Hedwig Andersen entstand zum ersten Mal eine ganzheitliche Stimmtherapie. Gleichzeitig zu nennen ist hier die Burgschauspielerin Helene Fernau-Horn mit ihren Übungen zum »Atemwurf«. In der Nachkriegszeit wurden Bewegung und Entspannung als wichtige Faktoren für die Stimmentwicklung entdeckt. Horst Coblenzer, Professor am Reinhardseminar in

Wien, und der HNO-Arzt Franz Muhar haben in für die damalige Zeit sensationeller Weise filmisch die Zwerchfellfunktion dokumentiert. Generationen von Sprechschülern lernten bei ihnen die reflektorische Atemergänzung u.v.m. Svend Smith entwickelte die weltweit bekannt gewordene »Akzentmethode«: Rhythmische Bewegungs- und Tempoeinheiten beeinflussen die Kraft der Sprechstimme positiv. Horst Gundermann, bereits in der damaligen DDR Begründer der »Stimmheilkur«, brachte unter anderem den bewussten kommunikativen Aspekt in die Stimmtherapie ein. In derselben Generation erarbeitete Johannes Pahn die wirkungsvolle »Nasalierungsmethode«. Wolfgang Pfau publizierte das Standardwerk »Zur Klassifizierung der menschlichen Stimme«.

In den 70er-Jahren fängt die psychologische Vertiefung an – von der Gesprächspsychotherapie über die Logotherapie bis zur Gestalttherapie und Psycholinguistik. Selbst aus der systemischen Therapie von Virginia Satir kommt Unterstützung im Zusammenhang mit den psychogenen Faktoren von Stimmstörungen.

Hand in Hand mit der Entwicklung dieser ganzheitlichen Auffassung entstanden seit den 80er-Jahren mehrere sehr wirkungsvolle und anerkannte Stimmtherapie-Konzepte vor allem von Logopädenseite, die Ihnen bei Ihrer Stimmarbeit begegnen können. Fragen Sie Ihren Stimmtherapeuten auch nach den von ihm gewählten Methoden.

Evemarie Haupt listet folgende Stimmtherapie-Konzepte auf:

- Klangraumtherapie – Almut Eberle 1977
- Phonorhythmik – Ute Oberländer-Gensch 1977
- Singstimmtherapie – Martin Ulrich 1978
- Integrative Stimmtherapie – Evemarie Haupt 1987/2003
- Stimmtherapie und Transaktionsanalyse – Mechthild Clausen-Söhngen 1988

- Tonale Stimmtherapie – Marion Hermann-Röttgen 1994
- Personale Stimmtherapie – Stängel/Strauch 1996
- Kommunikative Stimmtherapie – Marianne Spiecker-Henke 1997
- Praktische Stimmtherapie – Ute Bergauer 1998
- Stimmtherapie und Atemarbeit – Eva Maria Rosenmayr 1998
- Prozessorientierte Stimmtherapie – Vera Schwarz 1998
- Stimmtherapie über neurodynamische Resonanz – Dagmar Tuschy-Nitsch 1998
- Funktionale Stimmtherapie nach Rohmert – Soltau/Strotmann 1998
- Stimmig sein – Uta Feuerstein 2000
- bonavox-Methode – Schmid-Tatzreiter/Schmid 2001
- Loschky-Methode – Eva Loschky

»Die Ziele in den einzelnen Methoden stimmen im Grunde überein«, meint sie. In der Stimm-Therapie geht es im Endeffekt immer um dasselbe: Ein Gleichgewicht der körperlichen, seelischen und geistigen Kräfte herstellen. Eine innere und äußere Balance des ganzen Menschen ermöglichen. Diese zeigt sich in der Sprechsituation als Gelassenheit, Ausgeglichenheit, gute Reaktionsfähigkeit und Flexibilität: Wir können besser kommunizieren.

Stimm- und SprechtrainerInnen/Voice-Coaches

Bei diesen Zielsetzungen treffen sich die Stimmtherapeuten mit den modernen »Stimm-TrainerInnen«. Mit diesem Begriff bezeichnen sich Fachleute, die profundes Stimmwissen, eigene Stimmausbildung, didaktische Fähigkeiten mit guter Kenntnis der

Anforderungen im Wirtschafts- und Businessbereich verknüpfen. StimmtrainerInnen sind Anlaufstelle für alle Menschen, die Ihre Grobziele so formulieren: »Ich möchte besser sprechen, selbstsicherer auftreten, überzeugender wirken, erfolgreicher sein. Und ich möchte wissen, wie meine Stimme mich dabei unterstützen kann.«

Der Beruf des Stimmtrainers ist ein junger im Vergleich zur langen Tradition der Logopäden, Sprachheillehrer und Sprecherzieher im klassischen Sinn. Seine Ausformung geht Hand in Hand mit der zunehmenden Bedeutung des Themas »Stimme« in den letzten 15 Jahren auf dem Trainings- und Weiterbildungssektor. Stimminteressierte wenden sich heute meist zuerst an Stimmtrainer, sofern sie ihre Stimme subjektiv als gesund und normal empfinden. Die Berührungsängste zum medizinischen und therapeutischen Bereich sind nach wie vor groß. Die Stimme eines Menschen als persönliches Ausdrucksmittel fasziniert aber dennoch und wird als mächtiges Instrument unter anderem zum Generieren von Wettbewerbsvorteilen gesehen. Erwachsene aller Altersgruppen und vieler Berufsschichten kommen in Stimm- und Sprechseminare am freien Markt mit völlig anderen Erwartungen als jemand, der aufgrund einer Stimmstörung vom Arzt an den Stimmtherapeuten überwiesen wird. Der Stimmgebrauch als Mittel zum persönlichen Ausdruck soll andererseits auch nicht mehr dem künstlerischen und dem Medienbereich vorbehalten bleiben. So kommt den Stimmtrainern eine wichtige Funktion als Schnittstelle zu. Sie öffnen den Zugang zum Sprechvorgang auf dem Korridor zwischen der Bühne und der medizinisch-logopädischen Praxis.

Stimmtrainer können über die Betonung der kommunikativen Aspekte von »Stimme« einer breiten Öffentlichkeit auch die logopädischen, therapeutischen und medizinischen Aspekte aufbereiten und somit bei den Betroffenen die Schwellenangst verringern.

Atemrhythmisch Angepasste Phonation (AAP®):

Eines der umfassendsten und überzeugendsten ganzheitlichen Konzepte für zeitgemäßes Stimmtraining ist die AAP®. Sie basiert auf der von Coblenzer und Muhar wissenschaftlich erforschten und beschriebenen Physiologie der Atmung beim Sprechen, Singen und Musizieren in Wechselwirkung mit Ausdrucksverhalten und Interaktion. Coblenzers ehemalige Mitarbeiter und Top-Trainer haben aus den legendären Sprechschulungen am Zürichsee in der Schweiz hoch effiziente, international etablierte Intensiv-Seminar-Wochen entwickelt. Im Tagungszentrum Boldern treffen sich jedes Jahr im Sommer Menschen, die eines gemeinsam haben: Stimme und Sprechen sind wesentliche Elemente des Berufsalltages. Manager, Pädagogen, Personalchefs, Politiker, Seelsorger, Künstler, Radio- und Fernsehjournalisten, Trainer usw.

Das Konzept betont eine lebendige Körpersprache, eine belastbare Stimme, präzise Artikulation und authentische und zielgerichtete Partnerorientierung. Das erwünschte »Rüberkommen«, »Ankommen« wird bis auf die Buchstabenebene durchleuchtet. Erfolgreich umgesetztes Motto: »Nicht nur – wie schön rufe ich? – sondern: welches Echo habe ich?« (Horst Coblenzer)

Das lang erwartete, zeitgemäße Übungsbuch zur AAP hat 2007 Uwe Schürmann verfasst (siehe Literaturverzeichnis).

bonavox®:

Im deutschsprachigen Raum hat sich auf dem Trainingssektor seit Ende der 90er-Jahren das bonavox-Team etabliert. Edith Schmid-Tatzreiter (Logopädin) und Mag. Reinhard Schmid (Gesangspädagoge) aus Salzburg haben für die Arbeit an der Sprech- und Singstimme als zentrales Element den Einsatz von Musik gewählt. Zusammengestellt wurde eine außergewöhnliche Sammlung von Übungsmaterial. Die Texte, Probesätze, Verse, Vokalanhäufungen etc., die als Übungsmaterial zusammengestellt wurden, sind nicht auf oft seltsame Übungssätze beschränkt (»Barbara saß nah am Abhang« ...). Der Inhalt und auch die Form der Übungstexte beziehen sich immer auf das jeweils bearbeitete Stimm-Kapitel. Für die Arbeit am Thema, Sätze über das Thema:

Ich spreche.
Ich spreche einen Satz.
Ich spreche einen kurzen Satz.
Ich spreche nun einen etwas längeren Satz.
Ich spreche einen noch länger werdenden Satz.
Ich spreche einen immer noch länger werdenden Satz.
Ich spreche einen nach wie vor länger und länger werdenden Satz.
Ich spreche einen ohnehin schon ziemlich langen und sich immer noch mehr verlängernden Satz.
Ich spreche einen nun schon überaus langen und sich ungeachtet dessen immer noch weiter verlängernden Satz auf einen einzigen Atem.
Ich spreche diesen weit über übliche Satzlängen hinausgehenden und sich nach wie vor weiterhin beträchtlich verlängernden Satz auf einen einzigen Atem ohne Unterbrechung bis zum Punkt am Ende des Satzes.

(Aus: Hallo, Stimme! Das bonavox®- Trainingsbuch)

Einmal laut gelesen, haben Sie ziemlich sicher erfahren, was es heißt, außer Atem zu kommen, ohne Pausen zu sprechen und auf Phrasierung zu verzichten ...

PsychologInnen und PsychotherapeutInnen

Im Hinblick auf Stimme und Sprache liegt der Schwerpunkt ihrer Arbeit bei den psychosomatischen Hintergründen und Zusammenhängen von Stimmproblemen.

Der Vollständigkeit halber und auch zur Abgrenzung seinen noch folgende erwähnt:

Rhetorik-TrainerInnen

Die meisten rhetorischen Schulungen zielen darauf ab, Ihnen den Aufbau, die Struktur von Reden, Ansprachen, Kurzstatements nahezubringen. Sie helfen meist auch beim strukturierten Argumentieren, bei der Wortauswahl usw. Sie kümmern sich mehr um den inhaltlichen Aspekt des Gesagten, meist jedoch nicht um die Stimme. (»Inhaltlich sind Sie hervorragend, mit Ihrer Stimme müssen Sie noch etwas tun!«)

Präsentationstechnik-TrainerInnen

Diese setzen meist den Schwerpunkt auf den Umgang mit den vielen technischen Hilfsmitteln, die Ihren Vortrag unterstützen können (z. B. Flipchart, Overhead, PowerPoint usw.).

Medien-TrainerInnen

Sie coachen Sie speziell dann, wenn Sie viel und oft in Rundfunk und Fernsehen auftreten müssen. Sie machen Sie vertraut mit den speziellen Gesetzmäßigkeiten und Regeln der Medienkommunikation.

Körpersprache-TrainerInnen

Sie erfahren, wie Ihr Körper kommuniziert, welche nonverbalen Signale Sie aussenden. Wie Sie Körpersprache gezielt und bewusst einsetzen können und eine Menge über Haltung, Mimik, Gestik.

Phonognomen (StimmdeuterInnen)

Diese wollen aus dem Stimmklang und/oder der Sprechweise eines Menschen Charaktereigenschaften interpretieren.

2. Pflegen, Vorbeugen und Kurieren

Ohne zum Hypochonder zu werden gilt im Allgemeinen: Seien und werden Sie sehr sensibel, was Ihre Halsregion bzw. Ihren Sprechapparat angeht. Lieber einmal zuviel Salbei gegurgelt, als wochenlang latent heiser. Riskieren Sie keine dauerhaften Stimmbandschäden, zumal manche von Ihnen existenziell auf ihre Stimme angewiesen sind. Machen Sie regelmäßige Warm-up-Übungen. Am frühen Morgen können Sie noch Maßnahmen treffen, wenn Sie merken, dass Ihre Stimmgebung an diesem Tag nicht optimal funktioniert. Nichts leichter, als auf dem Weg zur Arbeit bei einer Apotheke vorbeizufahren. Besser natürlich noch, wenn Sie Ihre Pastillen etc. schon bei sich zu Hause haben. Dann müssen Sie sie nur noch einstecken. Und nehmen Sie sich schon morgens vor, nur das Nötigste zu sprechen, lassen Sie andere zu Wort kommen, lassen Sie sich entlasten (mehr Gruppenarbeiten als Vorträge), sorgen Sie gegebenenfalls noch rechtzeitig für eine Vertretung. Bei Heiserkeit, die länger als 21 Tage dauert, sollten Sie unbedingt einen Arzttermin vereinbaren.

Ansonsten steht Ihnen eine Reihe von natürlichen Heilmitteln zur Verfügung, die Sie in weniger dringlichen Fällen versuchen sollten:

2.1 Hildegard-Heilkunde

Die Pflege der eigenen Stimme ist bei Hildegard von Bingen ein wesentlicher Bestandteil einer ganzheitlichen Lebensführung. Sie beschreibt mehrere spezielle Stimm-Mittel, die prompt und zuverlässig wirken. Meine Favoriten:

✶ Stimmkräuter-Wein

Hilft bei Heiserkeit, Erkältung, Stimmbandproblemen, bei starker Beanspruchung der Stimme, für Sänger.
Herstellung: 1 Liter Rotwein, 2 Esslöffel Wollblumen (= Königskerze/Verbascum) und 2 Esslöffel Fenchel 4 Minuten kochen, abseihen und etwas Bienenhonig dazugeben.
Anwendung: Einen Schluck pro Stunde **warm** einnehmen. Am besten in einer Thermoskanne mitnehmen.

✶ Bertram-Gewürzpulver

Wenn Sie viel sprechen müssen, dann sollten Sie Ihr Essen immer wieder mit Bertram würzen, denn dieses feine Hildegard-Gewürz stärkt Ihre Schleimhäute und gleicht auch die Speichelflüssigkeit aus. Einfach jeder Speise 1 bis 2 Messerspitzen Bertrampulver beigeben.
Tipp: Eine große Messerspitze Bertrampulver morgens nüchtern 5 Minuten lang durch die Zähne ziehen und ausspucken.
Echter Bertram = römischer Bertram.

2.2 Mittel aus der Naturheilkunde

Zum Gurgeln:

✶ **Salbei:** Salbei ist das wirkungsvollste, auch das bekannteste Kraut für Stimm- und Halsprobleme. Als Tinktur bekommt man Salbei in jeder Apotheke. So ein Fläschchen Salbeitinktur gehört in die Ausstattung aller Stimmarbeiter für unterwegs.
Anwendung: 10 Tropfen auf ein halbes Glas lauwarmes Wasser. Mehrmals täglich zubereiten und gurgeln. Sie können natürlich auch dünnen Salbeitee nehmen.
Achtung: Nicht schlucken, Salbei ist für den Magen recht aggressiv.

* **Salzlösung:** Anwendung: 1/2 Liter warmes Wasser und 1/2 Teelöffel Salz werden gut verrührt. Mehrmals täglich gurgeln.
* **Öle:** Oliven- und Sonnenblumenöl sind geeignet. Einen Esslöffel in den Mund nehmen und zwei bis drei Minuten gurgeln.
* **Verdünnte Wasserstoff-Superoxydlösung:** Bei starker Halsentzündung gurgeln.

> **!** **Achtung!** Wenden Sie diese Mittel an, sobald Sie auch nur das leiseste Halskratzen spüren. Im fortgeschrittenen Stadium müssen Sie natürlich die vom Arzt verschriebenen, starken antiseptischen Gurgelmittel verwenden. Diese können allerdings als Nebenwirkung die gesamte Mundflora negativ beeinflussen.

Zum Lutschen:

* **Isla-Pastillen:** Der pflanzliche Wirkstoff Isländisch Moos ist eine Flechte. Diese Pastillen können hervorragend vorbeugend angewendet werden. Sie schützen die empfindlichen Stimmbänder.
* **Meersalztabletten** (Emser Pastillen) ohne Menthol!
* **Thymian-Pastillen**
* **Salbeitabletten**
* **Eibisch-Bonbons/Eibisch-Teig:** Ihre Inhaltsstoffe – Rosenholz, Eibisch, Süßholzwurzel – wirken stark lindernd bei Halsschmerzen. Sie sind der Nothelfer in Situationen, wo Sie das Halskratzen schon spüren und trotzdem unbedingt noch etwa eine Stunde sprechen **müssen**. Alle zehn Minuten ein Bonbon, Ihren Zuhörern erklären Sie die Situation. Bitte, nur in Ausnahmefäl-

len anwenden, anschließend Stimmruhe zur Erholung einhalten.

Halswickel:

* **Kalte Halswickel** nach Pfarrer Kneipp: Ein großes Handtuch, ein Gästehandtuch, ein Stofftaschentuch. Das Stofftaschentuch wird in eiskaltes Wasser getaucht und locker direkt auf die Haut um den Hals gelegt. Darüber kommt sofort das Gästehandtuch. Zum Abschluss wird das große Handtuch als Schal herumgewickelt. Er muss die unteren Lagen vollständig bedecken. Den Wickel nur bei erwärmtem Körper anwenden, am besten legen Sie sich ins Bett. Zumindest eine Stunde belassen, Sie können auch einschlafen damit.
* **Quarkwickel (Topfenwickel):** Im Prinzip wie oben, die innerste Lage besteht aus einem Stück Klarsichtfolie, bestrichen mit 250 g zimmerwarmem Quark (Topfen). Der Quark kommt direkt auf die Haut. Wird wieder zweifach abgedeckt. Belassen, bis die Masse trocken (bröselig) ist.
* **Kartoffelwickel:** Drei bis vier weich gekochte, noch sehr warme Kartoffeln mit der Gabel zerdrücken. In ein Tuch einwickeln und so warm wie möglich um den Hals legen. Auch diesen Wickel mit dem großen Handtuch abdecken.
* **Ölwickel:** Leinenstoff in warmes Olivenöl tauchen, auf den Hals legen, Klarsichtfolie darüberlegen. Ansonsten weiter wie oben. Mindestens eine Stunde belassen.
* **Diphlogenpaste:** Erhalten Sie in der Apotheke. Nach Anleitung anwenden. Hält die Wärme besonders lang.
* **Heilerde:** Laut Packungsanleitung als warmen Halswickel zubereiten.

> ! **Achtung Luftzug!** Es ist kein Luxus, im Handschuhfach des Autos im Sommer einen Seidenschal, im Winter einen Wollschal mitzuführen **und** zu verwenden. Klimaanlagen sind tückisch, vor allem, wenn sie zu tief eingestellt werden.

2.3 Stimmtipps aus dem Hause Dungl

Willi Dungl galt weit über die Grenzen Österreichs hinaus als »Fitnesspapst«. Aus der ganzen Welt reisen nach wie vor in das von seinen Töchtern weitergeführte Dungl-Zentrum bei Wien prominente Sportler und gesundheitsbewusste Menschen. Bei Dungl´s schwört man auf:

- **Meerrettich (Kren) mit Apfel und Honig:**
  Geriebener Apfel und Meerrettich im Verhältnis 1:1, ein wenig Honig dazu geben. Halbstündlich einen Kaffeelöffel voll essen.
- **Thymian-Salbei-Tee**:
  Mit viel Zitrone und Honig, schluckweise trinken.

3. Aus der Facharztpraxis

Dem Salzburger Festspielarzt Dr. Josef Schlömicher-Thier verdanke ich eine interessante Warnung: bei Kehlkopfentzündung kein Aspirin! Durch den Blutverdünnungseffekt ist die Gefahr einer Stimmbandschleimhautblutung sehr groß, besonders wenn die Stimme trotz Entzündung belastet wird. Bei Kehlkopfentzündungen soll man viel trinken (Zimmertemperatur!), konsequente Stimmruhe einhalten und salinische Lösungen inhalieren. Sein Inhalations-Rezept:

OP I

Tacholiquin 1%	10,0 ml
Prospan	10,0 ml
Dexpanthenol	0,5 ml
0,9% NaCl	ad 200 ml

6x täglich warm inhalieren

3.1 Homöopathische Notfallapotheke – Hausapotheke nach Dr. Walter Glück

Bei akut auftretenden Stimmproblemen leistet die Homöopathie bis zur Konsultation des Arztes gute Dienste. An dieser Stelle sei jedoch ausdrücklich vor dem »Herumdoktoren« gewarnt.

Die angegebenen Mittel sind als Sofortmaßnahme und als Selbsthilfe beim plötzlichen Auftreten von Beschwerden gedacht. Um wirklich bleibende Heilerfolge zu erzielen, ist ein ausgebildeter Homöopath unerlässlich. Er wird bei seiner Diagnose auch die psychischen Symptome und den Menschentyp berücksichtigen, um ein möglichst passendes homöopathisches Mittel zu finden.

Richten Sie sich bei den folgenden Angaben jeweils nach Ihrer Hauptbeschwerde.

Heiserkeit – rauhe Stimme:

- Akute Heiserkeit mit Halsschmerzen und trockenem, bellendem Husten, der vom Hals ausgeht: **Spongia.**
- Akute Heiserkeit ohne Schmerzen, ohne ersichtliche Ursache, möglicherweise mit beginnendem Schnupfen: **Arum Triphyllum.**
- Leichte Heiserkeit mit rauhem Hals, keine ersichtliche Ursache oder durch Luftzug ausgelöst, möglicherweise beginnender Schnupfen: **Quillaya.**
- Rauhe Stimme und/oder Verschleimung, zusammengeschnürtes Gefühl im Hals, eventuell mit Schnupfen: **Eupatorium purpureum.**
- Rauhe Stimme, eventuell mit rauhem Gefühl oder Kratzen im Hals, eventuell Schnupfen oder trockener Husten, eventuell Wegbleiben der Stimme. Inhalationen tun gut, trockene Luft verschlimmert das Leiden: **Causticum.**
- Heisere Stimme durch kalte Luft, eventuell Begleiterscheinungen wie oben: **Causticum.**
- Heiserkeit wegen Durchnässung und Erkältung, eventuell mit Frösteln, Bedürfnis nach Wärme, Gliederschmerzen, innere Unruhe: **Rhus toxicodendron.**
- Heiserkeit mit Frösteln bei beginnender Grippe, eventuell mit Schnupfen: **Quillaya.** Mit Rauheit im Hals: **Causticum.**
- Heiserkeit durch Aufregung oder Lampenfieber, eventuell mit Zittern, innerer Unruhe, Stuhldrang, Schwitzen: **Gelsemium.**

* Heiserkeit durch Überanstrengung, mit oder ohne Schmerzen, eventuell wundes Gefühl im Hals oder Wegbleiben der Stimme: **Arum Triphyllum.**
* Heiserkeit oder Stimmprobleme durch überhitzte Räumlichkeit, eher für Frauen: **Pulsatilla;** eher für Männer: **Bryonia.**

Stimmschwäche:

* Durch übermäßiges Sprechen. Bei kreislaufschwachen, blassen Typen: **Acidum phosphoricum.** Bei kräftigen, eher hitzigen Typen: **Sulfur.**

Stimmverlust:

* Plötzlich, eventuell durch Emotionen, Aufregung, Erkältung: **Causticum.**
* Durch Schreck mit Unruhe und Angst: **Aconitum.**
* Durch Schreck mit dem Gefühl, betäubt oder wie in Trance zu sein, unfähig zu handeln: **Opium.**
* Durch Überanstrengung der Stimme: **Arum triphyllum.**
* Eventuell mit Rauheit im Hals: **Causticum.**
* Bei eher sensiblen, ängstlichen Typen: **Phosphor.**
* Bei hektischen, verspannten Menschen: **Rhus toxicodendron.**

Stottern:

* Akutes Auftreten durch Aufregung oder Kränkung: **Causticum.**

Dosierungsempfehlung: Nehmen Sie Globuli (Kügelchen) in der C 12 Potenzierung. Eine Dosis sind fünf Kügelchen. Das Mittel wird einmal eingenommen. Die Globuli unter der Zunge zergehen lassen, nicht mit anderen Speisen zusammen einnehmen! Wenn nach einiger Zeit Besserung eintritt, die Einnahme **nicht** wiederholen. Ändert sich nichts, rasch den Arzt aufsuchen!

! **Warnung!** Homöopathische Mittel sind nicht harmlos. Eine unkontrollierte Einnahme kann zu Gesundheitsstörungen führen!

4. Was der Stimme sonst noch gut tut (Esoterisches)

Litho-Therapie:

Seit dem griechischen Redner Demosthenes gilt der **Chalzedon** als der »Stein der Redner«. Die weisen Redner der Antike sollen diesen Stein unter ihren Gewändern als wirksame Unterstützung ihrer Redekunst getragen haben.

Auch bei Hildegard von Bingen findet man den Chalzedon und seine positive Wirkung auf den Halsbereich beschrieben.

Der Chalzedon ist ein wasserblauer Quarz, leicht gestreift. Die moderne Steinheilkunde schreibt ihm folgende Wirkung zu: lindert Heiserkeit, hilft bei Problemen im Hals und Kehlkopfbereich, löst Sprechhemmungen und Blockaden, hilft Wörter und Gesten richtig und gewählt vorzutragen.

Anwendung: Tragen Sie einen kleinen Handschmeichler in Ihrer Hosentasche oder als Anhänger um Ihren Hals. Reinigen Sie ihn ein- bis zweimal im Monat unter fließendem Wasser. Legen Sie ihn anschließend einige Stunden an die Sonne zum Aufladen.

Weitere Steine für den Halsbereich sind Türkis, Aquamarin und Blautopas.

Aromatherapie:

Als Öle für die Duftlampe haben sich in Sprechsituationen bewährt: Angelika, Bergamotte, Cajeput, Sandelholz, Zitrone, Zitronenmelisse.

Farbtherapie:

Die Farben des Kehlkopfes und des Halses sind in den meisten esoterischen Traditionen und auch in der Farbtherapie helles Wasserblau bis Türkis. Wenn Sie dafür empfänglich sind, tragen Sie Tücher, Krawatten, Schals in diesen Farben. Als Mann haben Sie es besonders leicht. Eisblaue Hemden sind fast ein Muss für Ihre Business-Garderobe.

Gestalten Sie die Umgebung für gute Gespräche mit entsprechend farbigen Polstern, Teppichen, Bildern.

Bachblüten:

In der Bachblütentherapie, zurückgehend auf den englischen Arzt und Forscher Dr. Edward Bach, gilt Crab Apple (Holzapfel) als **die** Reinigungsblüte für alle Prozesse im Halszentrum (nicht nur dort). Wenn Sie empfänglich sind für Bachblüten, können Sie Ihr Stimm- und Sprechtraining mit der Einnahme von Crab Apple wirkungsvoll unterstützen. Bachblüten bekommt man mittlerweile in fast jeder Apotheke. Anwendung nach Anleitung. Faustregel: 4x täglich 4 Tropfen einnehmen.

5. Ernährung

Die Stimmhygiene gebietet, auch hinsichtlich der Ernährung dafür zu sorgen, dass es der Stimme gut geht.

Sie brauchen keine Kreide zu schlucken wie der Wolf bei den sieben Geißlein. Sie müssen auch nicht rohes Eigelb schlürfen wie die Sängerknaben von Kaiser Maximilian I. im Mittelalter.

Dennoch gibt es einige Nahrungsmittel, die die Stimmgebung positiv beeinflussen, und manche, die der Stimme, vor allem dem Kehlkopf schaden.

Grundsätzlich ist der Zustand der Übersäuerung zu meiden. Anhaltende Heiserkeit am Morgen, saures Aufstoßen oder Sodbrennen können Anzeichen dafür sein. Wenn Magensäure beim Liegen in Richtung Kehlkopf fließt, kann das für eine chronische Kehlkopfentzündung sorgen. Deswegen nicht zu spät essen. Kaffee, Tee, Alkohol, Cola, Schokolade, weißer Zucker und zu viel Salz tragen zur Übersäuerung bei. Hier gilt, mit Maß und Ziel genießen, damit die Stimme nicht leidet. Genügend Flüssigkeitszufuhr hilft, einer Übersäuerung gegenzusteuern – Wasser ist besonders geeignet.

Gerade scharf gewürztes Essen sorgt für Austrocknung und macht damit dem Kehlkopf zu schaffen. Sie bremst den Schwingungsablauf der Stimmbänder. Vor allem bei den ersten Anzeichen von Heiserkeit oder Schluckweh oder Ähnlichem vermeiden Sie Pfeffer, Paprika, Curry, Glutamate (Geschmacksverstärker).

Nikotin ist ein weiteres Thema. Der inhalierte Rauch schädigt die Flimmerhärchen in der Luftröhre, ganz zu schweigen von den Auswirkungen auf die Lungenfunktion. Raucher haben meistens buchstäblich »weniger Luft«, einen »kürzeren Atem« zum Sprechen. Mit viel Nikotin eine rauchige Stimme bekommen zu wollen, verbietet der gesunde Hausverstand.

Seien Sie achtsam, wenn Sie Medikamente (z. B. Diuretika) nehmen müssen, die austrocknende Wirkung haben (siehe Beipacktext). Davon sind meist auch rasch die Stimmbänder betroffen. Erhöhen Sie Ihre Flüssigkeitszufuhr.

In der Praxis sehr oft beobachtet: Ein unmittelbarer Zusammenhang zwischen der Verschleimung im Nasenbereich und vermehrtem Käsegenuss. Die schleimbildende Wirkung von Käse und auch anderen Milchprodukten führt oft zu verstopfter Nase und daher zu stark nasalem Stimmklang. Tipp: Streichen Sie Milchprodukte vier bis fünf Tage von Ihrem Speiseplan und testen Sie die Wirkung auf Ihre Stimme damit selbst.

Im Allgemeinen hält auch die Stimme einiges aus. Vor allem wenn Sie rundum gesund sind, schadet auch mal ein eiskaltes Getränk nicht. In Zeiten, wo Ihre Stimme anfällig oder angeschlagen ist, steigen Sie um auf temperierte Getränke und Nahrung. Nicht zu kalt, aber auch keinesfalls zu heiß essen und trinken. Speiseeis wärmen Sie einfach in der Mundhöhle an und lassen es ganz zergehen, bevor Sie es schlucken, dann bleibt der Kehlkopf unbeschadet.

6. Psychosomatische Zusammenhänge

Die Stimme des Menschen lässt hören, welche Seelenkraft er hat. So formulierte es der chinesische Sprechlehrer Dshou. Die Stimme und die Art und Weise, wie sie nach außen gebracht wird, steht in unmittelbarem Zusammenhang mit der ganzen Persönlichkeit. Genauer: mit dem Maß, in dem die eigene Persönlichkeit bejaht und gelebt wird. Die Stimme ist ein Spiegel für das Ausmaß, in dem es ihrem Besitzer möglich ist, er selbst zu sein. Eine direkte Verbindung zu schaffen zwischen seinem Inneren und seinen Äußerungen.

Auch wenn viele Menschen die Vorstellungen und Ideen der Psychosomatik im Normalfall ablehnen, bei der Stimme machen sie eine Ausnahme. Fast alle geben der Stimmlage eine Bedeutung. Wir interpretieren stimmliche und sprachliche Symptome recht leicht, sie sind uns geläufig. Wir akzeptieren ziemlich vorbehaltlos, dass »das Organ« des Menschen nicht nur einen Inhalt transportiert. Nein, da kommt ja noch etwas herüber: die Stimmung des Redners, sein jeweiliger Gemütszustand. Die Stimme ist ein Barometer der Gefühle, viel mehr als ein Träger von Informationen. Das an sich ist keineswegs problematisch. Wenn sich jemand ärgerlich fühlt und dann auch noch sagt: »Ich bin gerade ziemlich ärgerlich!«, haben wir es mit einer authentischen Botschaft zu tun. Wer glücklich ist, **kann** jauchzen. Wenn er als Gesamtpersönlichkeit gesund ist.

Ein Symptom, eine »Fehleranzeige«, wird die Stimme erst dann, wenn sie nicht stimmt. Eine Piepsstimme kommt aus einem großen, robusten Körper, eine sonore Stimme aus einem feingliedrig gebauten Menschen – und schon deuten wir im ersten Fall: »Er traut sich nicht«, im zweiten Fall: »Da ist wahrscheinlich mehr dahinter«.

Die meisten SprechtrainerInnen sind sich einig. Eine gestörte emotionale Lage, verdrängte emotionale Konflikte können sich über eine Stimmstörung einen Weg nach außen bahnen. Die Stimme wiederum kann ein Wegweiser sein, in welcher Richtung man die emotionale Störung zu suchen hat, welches Thema im Leben zur Bewusstwerdung ansteht.

Auch wenn Sie nichts von den folgenden psychosomatischen Deutungen halten und darin lediglich eine Aneinanderreihung von Vorurteilen sehen, sollten Sie sich eines klar machen: Die meisten Zuhörer ziehen – sei es bewusst oder unbewusst – Schlüsse in diese Richtung!

✶ **Piepsstimme:**

Ihr Besitzer traut sich meist nicht, sein Potenzial zu leben, der Körper schwingt nicht mit der Stimme. Deutet auf Angst vor der eigenen Kraft hin. Auch Scheu vor der Körperlichkeit kann ein Thema sein.

✶ **Poltergeist:**

Wer immer dröhnt und nahe am Schreien spricht, übertönt oft seine zarten, sanften Emotionen. Die Zwischentöne fehlen, der ruhigere Teil geht gegenüber der dauernden Stimmungskanone unter.

✶ **Scharfe, zischende Stimme:**

Wer seiner Umwelt mehr zischend als sprechend begegnet, hat etwas Unehrliches, Unaufrichtiges bei sich, spricht mit gespaltener Zunge und eher hintenherum.

✶ **Schrille Stimme:**

Versucht Beachtung und Aufmerksamkeit zu »erzwingen«. Hohe Frequenzen schlagen »Alarm«.

* **Undeutliche Aussprache:**

  Wer schlecht verstanden wird, möchte insgeheim gar nicht verstanden werden. Seinen Standpunkt verschwimmen lassen und sich nicht festlegen wollen. Möglicherweise sind auch die Gedanken so undeutlich, dass man sie nicht fest, sicher und klar aussprechen kann.

* **Zittrige Stimme:**

  Angst ist mit dabei (siehe Kapitel III »Lampenfieber«). Kann aber auch tiefe Ergriffenheit und starke innere Berührung, Erregung ausdrücken.

* **Seufzendes, weinerliches Sprechen:**

  Latente Angst, jede Information ist verpackt in einen Tonfall, der sagt: »Tu mir nichts, ich tu dir auch nichts.«

* **Rauhe Stimme (rauchig, verrucht):**

  Nur scheinbar geht alles aalglatt über die Lippen. Innere Widerstände.

* **Ständiges Räuspern:**

  Aufmerksamkeitssignal. Man hebt zum Sprechen an, kommt aber nicht weit. Plagt oft Menschen, die das Gefühl haben, nicht wirklich zu Wort zu kommen. Die klare mentale Einstellung »Jetzt rede gleich ich!« ersetzt das Räuspern.

* **Feuchte Aussprache:**

  Der Drache speit Feuer (Aggression), aber nur kindlich spuckend. Und nicht durch scharfen und prägnanten Inhalt.

* **Knödel/Kloß im Hals:**

  Im Hals stecken oft die kleinen Ärgernisse des Lebens, die wir »nicht der Rede Wert finden«. Hilfreich ist die Erlaubnis: »Komm, spuck aus, was dich belastet!«

✶ **Heiserkeit:**

Die Stimmbänder sind gereizt, weil man sich nicht eingesteht, dass man selber in gereizter Stimmung ist. Im Erkältungsfall hat man eigentlich »die Nase voll« und will nichts mehr sagen. Wenn man es trotzdem tut, hört das die Umwelt an der überreizten Stimme.
Heiserkeit entsteht oft auch dann, wenn man eigentlich losbrüllen möchte, das Gebrüll zu unterdrücken versucht. Man kann die Stimme auch über die eigene Kraft gehend beanspruchen, dann wird sie auch oft heiser. Wenn die Heiserkeit bis zur Stimmlosigkeit geht, wenn die Stimme komplett versagt, hat man auch keine Stimme mehr. Die eigene Stimme zählt nicht mehr. Oft ein Hinweis, dass man sich der momentanen Situation oder anderen Menschen gegenüber als ohnmächtig und entrechtet empfindet. Die unfreiwillige Trennung von einem Partner (plötzlicher Tod oder Verlassenwerden) findet oft ihren Niederschlag in der Stimmlosigkeit.
Die Stimme ist sehr ehrlich und deutet ganz klar darauf hin, dass es darum geht, eben nichts zu sagen. Leiser zu werden und zu schweigen. Das schont den Kehlkopf, gibt den Stimmbändern die notwendige Erholung und auf der seelischen Ebene kann man sich dem Problem stellen.

Die psychosomatische Deutung lohnt sich vor allem für Menschen, die sich ganz bewusst weiterentwickeln und entfalten wollen. Die Entdeckung des eigenen Sprechpotenzials erweitert dann nicht nur die eigenen Ausdrucks- und Redemöglichkeiten. Darüber hinaus trägt das Sprechtraining vieles zu einer ganzheitlich heilsamen Persönlichkeitsschulung bei.

Bewährte Praxistipps zur Stimmpflege:

- ✶ Schlucken, Summen, Gähnen statt Räuspern und Husten.
- ✶ Pfeife, Megafon, Gong statt gewohnheitsmäßigem Schreien.
- ✶ Mikrofon bei schlechter Akustik, lauter Umgebung, bei mehr als hundert Zuhörern.
- ✶ Stimmlockerungsübungen nach dem Auftritt. Verkürzen die Erholungsphase für die Stimmbänder.
- ✶ Keine Stimmen imitieren, auch wenn man gerne »so eine« Stimme hätte. In der bequemen Stimmlage bleiben.
- ✶ Falsch: Tief Luft holen und anfangen.
  Richtig: Tief Luft holen – ausatmen – anfangen.
- ✶ Kehlkopfentzündung = Krankenstand
- ✶ Schon- und Erholungsphasen für die Stimme: 10 Prozent der absolvierten Redezeit bewusst schweigend verbringen. So bald wie möglich anschließend an die Redesituation.

X. Gedanken und Anregungen zum Abenteuer Stimme

Die starke Abneigung der Indianer, jemandem ins Wort zu fallen,
ist mit ihrem Respekt vor den Worten zu erklären.
Nur selten, im Notfall, wird einer die Stimmen der anderen
mit einem Einspruch übertönen.
Der Grund ist zwar schon in dem zu suchen,
was man für gute Manieren hält.
Aber darüber hinaus geht der Wert des Wortes so weit,
dass er das Recht des Einzelnen umschließt,
seine eigenen Worte zu sprechen, ohne unterbrochen zu werden.

Shirley Hill Witt, Irokesin

1. Die Stimme und der Klang in der Welt

Der Urknall. Ein streng wissenschaftlicher Begriff. Eine Beschreibung moderner Forscher. Eine Theorie. Alles entstand aus einem gewaltigen Knall. Das All und alles, was in ihm existiert: Sein Beginn soll hörbar gewesen sein.

Am Anfang war das Wort. Die Bibel. Auch in ihren Erzählungen hat die Schöpfung durch den Klang Gestalt angenommen.

Der Anfang ist hörbar. Und er ist überall gleich hörbar. Die menschlichen Sprachlaute sind universell. Sie werden von allen Menschen gleich analysiert und gebildet. Unabhängig von der Muttersprache. Die Lautproduktion in den unterschiedlichsten Sprachen wie Finnisch, Deutsch, Italienisch folgt den gleichen phonetischen Gesetzmäßigkeiten. Babys auf der ganzen Welt bilden in den ersten Lebensmonaten dieselben Laute.

»Nada Brahma – Die Welt ist Klang« heißt es im Buddhismus. Der Buddhismus kennt heilige Silben – Mantras. Das bekannteste ist »Om« oder »Aum«. Töne als Heilmittel. Die heiligen Silben werden nicht nur von den Mönchen oft stundenweise intoniert, um bestimmte heilende Wirkungen zu erreichen.

Solche »Mantras« gibt es im abendländischen Raum auch, wir verwenden sie nur meistens nicht mehr tönend: Amen, Gloria, Kyrie Eleison.

Stimmübungen als Vitalitäts-Training. Indische Yogis glauben, dass solche Übungen der Gesundheit zuträglich sind, die Konzentration und die Lebenskraft steigern.

Das Hals-Chakra. Jedem Esoteriker ein Begriff. In vielen esoterischen Traditionen wird dem Halsbereich ein feinstoffliches Energiezentrum zugeordnet. Ein Nervenzentrum im Kehlkopfbereich, ähnlich dem bekannteren Sonnengeflecht (Solar plexus oberhalb des Bauchnabels). Chakren gelten als Schnittstellen zwischen unserem grobstofflichen Körper und der feinstofflicheren Welt. Chakren können offen oder geschlossen (blockiert) sein.

Das Chakra in der Halswölbung ist zuständig für unsere Kommunikation mit der Außenwelt. Wenn es eine gesunde Größe hat und gut funktioniert, kann der Mensch klar denken und präzise und wirkungsvoll sprechen. Die eigene Ehrlichkeit ist offensichtlich. Man formuliert in einem Tonfall, dass sich Menschen nur selten davon abgestoßen, bedroht oder verletzt fühlen. Das intuitive Talent des Hellhörens kommt aus einer ungestörten Aktivität des Halszentrums.

Wenn wir ignorieren, was unsere Sinne wahrnehmen, wenn wir über unsere eigenen Wörter entsetzt sind, wenn es einen Widerspruch gibt zwischen dem, was wir sagen, und dem, was wir tun, wenn wir zu Gerüchten und Klatsch neigen, wenn wir starre Meinungen vertreten, braucht das Halszentrum Aufmerksamkeit.

Außer meditativen Übungen und Stimmarbeit gehört es zur Arbeit am Halszentrum, kritische Urteile hintanzustellen, Vorurteile und Rachepläne abzulegen, kein manipulierendes Geplauder von sich zu geben und statt dessen Menschen und Dinge so zu betrachten, wie sie (von Gott) gemeint sind. Sehr oft schließt sich dieses Energiezentrum, weil der Mensch sich weigert, etwas offen auszusprechen. Töne sind der Schlüssel für das Öffnen. Vor allem die Summübung und Vokaltönen eignen sich gut. Sie können Ihre Kinder in den Schlaf singen, in einem Chor mitsingen oder laut mit sich allein singen. Ein geöffnetes Halszentrum sorgt für gute Stimmung, Kummer und Sorgen lösen sich auf und werden durch Selbsterkenntnis und Selbstakzeptanz ersetzt.

Dies sind nur einige ganz wenige Beispiele aus der Welt des Klangs. In allen Kulturen der Erde, vergangen oder gegenwärtig, gibt es immer auch eine Klangkultur. Der Kreis schließt sich stets wieder dort, wo wir gewahr werden, dass Stimme bestimmt, dass Stimme für Stimmung sorgt, dass Stimme mit Gestimmtheit zusammenhängt. Dass Stimme, Sprache, Laute, Klänge, Töne, Geräusche für den Menschen etwas zutiefst Bestimmendes sind.

2. Das Vorbild – Eine Geschichte zum Abenteuer Stimme

Vor mehr als 2000 Jahren hat sich auf dem Marktplatz des antiken Athen folgende Begebenheit zugetragen:

Ein junger Athener wollte politische Karriere machen. Er hatte früh erkannt: Man muss reden können. Sein Name war Demosthenes. An diesem Tag war sein erklärtes Ziel, eine besonders überzeugende Rede zu halten. »Sprich lauter, Demosthenes!«, riefen sie aus den letzten Reihen zu ihm. Also sprach er lauter. Darauf wurde ihm die Luft zu knapp. Der Atem geriet ins Stocken. Er begann zu keuchen. »Hör auf Demosthenes, du kriegst ja einen Schlaganfall!«, kam es ihm entgegen. Er wurde nervös. Ein Versprecher nach dem anderen. Die Silben wurden undeutlich. Das Sprechtempo wurde rasend. »Kannst du nicht deutlicher reden?«, wieder diese Zwischenrufer. Da kam das Blackout. Eine alte Angewohnheit meldete sich zurück: nervöses Schulterzucken. Die Blamage nahm ihren Lauf. Die Zuhörer fingen zu lachen an. Niemand hörte ihm mehr zu. Demosthenes brach ab. Mit leerem Gehirn, ferngesteuert, innerlich zitternd und bebend machte er sich auf den Nachhauseweg. Er schwor sich: Ich rede nie wieder. Damit wäre er aber politisch tot gewesen. Er entschloss sich zur anderen Alternative: Das passiert mir nie wieder. Üben, üben, üben ...

Er ging an die Meeresküste, machte die tosende Brandung zu seinem Publikum und brüllte, was er konnte. Damit zwang er sich zum lauten Sprechen. Er legte sich in den Sand und beschwerte seine Brust mit Felsbrocken, damit trainierte er die Zwerchfellatmung, um nie wieder Luftprobleme zu haben. Er steckte sich Kieselsteine in den Mund und übte deutliches Sprechen. Da war noch immer dieses nervöse Schulterzucken. Dieses Problem löste er zu Hause. Er befestigte ein Schwert an seiner Zimmerdecke, mit seiner

Spitze berührte es fast seine Schulter. Nun übte er seine Reden. Jedes Mal, wenn er zuckte, spürte er einen schmerzhaften Stich. Sein unbändiges Bedürfnis, seine politischen Ziele zu erreichen, und die Erkenntnis, dass seine Sprechfähigkeiten dafür noch nicht geeignet waren, ließen ihn diese Gewaltkur durchführen. Er wurde der größte Redner, den die Antike hervorgebracht hat.

Wenn Sie auch nur zwei Monate Ihres Lebens Ihrer Stimme widmen, werden Sie anhand einer Tonbandaufnahme vorher und nachher hören, dass Sie gewaltige Fortschritte gemacht haben. Wenn Sie dranbleiben und nicht aufgeben, werden Sätze wie »An meiner Stimme lässt sich nichts mehr ändern« oder »Meine Stimme ist angeboren« der Vergangenheit angehören.

3. Meditation für die Stimme und das Halszentrum (Hals-Chakra)

Den folgenden Text können Sie halblaut zu einer entspannenden Musik lesen und auf sich wirken lassen. Vorher einige Male tief durchatmen. Am Ende der Meditation ganz bewusst strecken und dehnen.

Den Text können Sie auch auf der CD anhören.

Hörbeispiel 👂 *Cut* ㉜

Stimme bestimmt. Mit Stimme sorge ich für Stimmung. Um bei meinem Gegenüber Zustimmung zu erreichen, muss ich den rechten Ton finden, meine Frequenzen auf den Zuhörer abstimmen. Zustimmung erreichen heißt auch Anklang finden: Resonanz. Resonanz erzeuge ich Per-Sonanz, durch meinen Klang: durch meine ganze klingende Persönlichkeit. Die Stimme **trägt** meine Persönlichkeit. Genauer: meine Persönlichkeitsanteile. Je geschulter, je kräftiger, je tragfähiger meine Stimme, umso mehr komme **ich** zum Ausdruck. Umso mehr von mir kann zum Partner schwingen.

Die Stimme trägt mein Lachen, mein Weinen, meine Freude, meinen Kummer, meine Siege, meine Niederlagen, meine Erfolge, meine Liebe, meine Lust, meine Enttäuschungen – mich als ganze Person. Ich finde mit meiner Stimme, mit den Tönen aus meinem Inneren beim anderen ein Echo. Je besser das Echo ist, umso besser, näher, intensiver der Gleichklang. Der Klang aus meinem Innern lässt die Ohren der anderen wach werden, horchen auf meine Person, wenn ich mich ausdrücke mit Wörtern, Tönen, Stimmungen.

Mein sprachlicher Ausdruck findet seine seelische und körperliche Entsprechung im Hals-Chakra. Ich nehme meinen Halsbereich einfach nur wahr. Ohne Ziel, ohne Absicht. Ich richte meine bewusste Aufmerksamkeit auf mein Kehlkopfzentrum. Es hat eine Öffnung nach vorne und eine kleinere Öffnung nach hinten. Ich kann es mir vorstellen wie einen Trichter oder eine sich öffnende Blume. Meine Aufmerksamkeit belebt das Zentrum, ich kann spüren, wie es in einer ganz feinen, kreisenden Energie zu schwingen beginnt. In seinem Inneren entsteht ein transparentes, glänzend hellblaues Licht. Blau wie der Himmel – und genauso weit. Die Weite des Himmels hält über das Halszentrum Einzug in meinen Körper, in meine Gefühle, in mein Denken. Ganz licht und ganz weit wird es auch in mir, frei und unbegrenzt wie der Himmel.

Alles was in meiner äußeren und in meiner inneren Welt existiert, bekommt Raum in mir. Die innere Stimme und die äußere gehen hier eine Verbindung ein, die mich ganz sein lässt. Alles darf sein wie es ist. Alles darf kommen und alles darf gehen. Alles Schweigen und alles Reden, alles Hören und alles Lauschen, alles Singen und alles Rufen, alles Antworten und alles Fragen darf sein. In dieser Freiheit bin ich offen und empfänglich für die Botschaften meiner innersten Stimme, auch für die leisen Töne in mir, vielleicht für lang vermisste Töne, für Zwischentöne und feine Nuancen. Misstöne haben Platz, genauso wie bisher Überhörtes. Ich selbst bin ganz still und lausche hinein in den unendlichen lichtblauen Raum, in dem Inneres und Äußeres zueinander finden. Innere und äußere Stimmungen. Innere und geäußerte Stimme.

Und ein Teil dieser Gedanken und Anregungen wird Schritt für Schritt, aber deutlich wahrnehmbar in meinem Alltag Platz finden.

XI. Serviceteil

Zahnstellung/Kieferstellung/Zungenbeweglichkeit/ Schluckmuster

www.zahn-aesthetik.at	Dr. med. univ. et med. dent. Peter Brandstätter/Wien
www.mambaby.com	Studien »Rund ums Saugen«

Stimmuntersuchung

Grundsätzlich können Sie sich an alle Phoniatrischen Abteilungen in Krankenhäusern und an Phoniatrische Kliniken in Deutschland, Österreich und der Schweiz wenden. Weiterführende Informationen:

www.dgpp.de	Deutsche Gesellschaft für Phoniatrie und Pädaudiologie
www.hno.at	Österreichische HNO-Gesellschaft

Ich erlaube mir die persönliche Empfehlung einiger Fachärzte, die einen ausgezeichneten Ruf genießen. Durch ihre intensive Vernetzung werden Sie Ihnen im Bedarfsfall einen Spezialisten in Ihrer Nähe nennen können:

joussen@telemed.de	Dr. med. Karin Joussen, München
info@stimmarzt.de www.stimmarzt.de	Dr. med. Gerrit Wohlt, Berlin

berit.schneider@meduniwien.ac.at	Univ.-Prof. Dr. med. Berit Schneider, Wien
wolfgang.bigenzahn@akh-wien.ac.at	Univ.-Prof. DDr. med. Wolfgang Bigenzahn, Wien
hno.schloemicher@telebox.at	Dr. med. Josef Schlömicher-Thier, Salzburg
info@kuersten.at	Univ.-Prof. Dr. med. Reinhard Kürsten, Wien

Homöopathie

www.komplemed.at	Dr. med. Walter Glück
www.remedia.at	Broschüre »Homöopathischer Ersthelfer«

LogopädInnen

www.schuermann.li	Dipl. Logopäde Uwe Schürmann, Münster
sanne@stria.at	Dipl. Logopädin Sanne Stria, Wien
www.dbl-ev.de	Deutscher Bundesverband für Logopädie
www.logopaedieaustria.at	Berufsverband diplomierte LogopädInnen Österreich

www.logopaedie.ch	Deutschschweizer Logopädinnen- und Logopädenverband

Stimmtherapie

ehaupt@freenet.de	Evemarie Haupt, München
www.intervoice.de	Mehrsprachiges Therapeutennetzwerk

Stimmtraining

AAP® Atemrhythmisch Angepasste Phonation

www.aap-online.com	Dachverband D, A, CH
www.boldern.ch	Seminarzentrum Zürichsee/Sommerkurse

bonavox®

www.bonavox.at	Edith Schmid-Tatzreiter und Reinhard Schmid, Salzburg

European Voice Pool

www.stimme.at	Traineradressen D, A, CH, I, Südtirol

RedEd

www.reded.at	Seminare mit Ingrid Amon

VoiceAwareness

arno.fischbacher@stimme.at	Arno Fischbacher, Salzburg

Stimmtipps/Diverses

Hörverarbeitung www.hoerakademie.at	Thomas und Belinda Riedl, Wiener Neustadt/Graz/Wien
www.tomatis.de	Tomatis-Institute D

Hildegard-Heilkunde

schmidle.brigitte@gmx.at	Mag. Brigitte Schmidle, Koblach
www.lebensquell.at	Mag. pharm. Guntram Mähr, Dornbirn (Bezug und Versand)

Telefon/Call Center

www.phone-perfect.at	Evelyn Stein, Wien
www.ccall.de	Thomas Niemann und Anja Sportelli, Dresden

Luftfeuchtigkeit

www.antolani.com	Infos zu Raumklima und Gesundheit. Thermo-/Hydrometer und Dampfluftbefeuchter

Newsletter

www.stimme.at	Interdisziplinäre Plattform für die Sprechstimme. Regelmäßige Praxistipps

Wirtschaftsstudie

www.motivforschung.at	Dr. Helene Karmasin, Wien

Rhetorik

www.asgodomlive.de	Sabine Asgodom, München
www.joerg-loehr.de	Jörg Löhr, Augsburg
www.trinergy.at	Roman Braun, Wien

Präsentationstechnik

www.derhierhold.at	Dr. Emil Hierhold, Wien

Medien

www.magazintraining.at	Trainingssektor. Jahresabo für Buchleser kostenlos
www.urbanfischer.de/journals	L.O.G.O.S. Interdisziplinär
www.schulz-kirchner.de/logopaedie	Forum Logopädie
www.thieme.de/ssg	Sprache-Stimme-Gehör
www.sprachheilpaedagogik.at/mitsprache	mitSprache. Fachzeitschrift für Sprachheilpädagogik

Singen/Gesang/Lachen

www.escribano.at	Marie-Therese Escribano, Wien

www.boeg.org	Bund der österreichischen Gesangspädagogen
www.gesangspaedagogik.de	Bundesverband Deutscher Gesangspädagogen
www.laughteryoga.org	Dr. Madan Kataria, Mumbai. Weltweite Lach-Yoga-Bewegung

Austrian Voice Institute

www.austrianvoice.at	Internationales Voice Symposion, Salzburg

Internationaler Tag der Stimme

www.worldsvoiceday.com	Jährlich weltweit ausgerufen
www.stimme.at	Europaweiter Stimmtag

Literaturverzeichnis

Alavi Kia, Romeo: Stimme. Spiegel meines Selbst. Ein Übungsbuch. Zwickau 1991

Argyle, Michael: Körpersprache und Kommunikation. Junfermann, 1996

Asgodom, Sabine: Reden ist Gold. So wird Ihr nächster Auftritt ein Erfolg. Ullstein Tb 2006

Balser-Eberle, Vera: Sprechtechnisches Übungsbuch. öbv&hpt, 2005

Balser-Eberle, Vera: Ausgewählt und gesprochen von Ingrid Amon: Sprechtechnisches Übungsbuch. Die CD. öbv&hpt, Wien 2005

Bartsch, Elmar/ Tobias Marquart: Grundwissen Kommunikation. Ernst Klett Verlag, Stuttgart 1999

Behrendt, Joachim-Ernst: Das dritte Ohr. rororo, 1991

Behrendt, Joachim-Ernst: Ich höre – also bin ich. Goldmann, 1992

Bernhard, M. Barbara: Sprechtraining. Professionell sprechen – auf der Bühne und am Mikrofon. öbv&hpt, Tb 2002

Braun, Roman: Die Macht der Rethorik. Besser reden – mehr erreichen. Redline Wirtschaft, 2007

Buchs-Quante, Ulrike: Voice Power. Asanger, Tb 2002

Cerwinka, Gabriele/ Gabriele Schranz: Die Macht der versteckten Signale. Ueberreuter, Wien/Frankfurt 1999

Cicero, Antonia/ Julia Kuderna: Die Kunst der Kampfrhetorik. Power Talking in Action. Paderborn 1999

Coblenzer, Horst/ Fritz Muhar: Atem und Stimme. öbv&htp, Wien 1997

Coblenzer, Horst: Erfolgreich sprechen. öbv & hpt, Wien 1999

Cramer, Annette: Das Buch von der Stimme. Walter, Zürich/Düsseldorf 1998

Dahlke, Rüdiger: Krankheit als Sprache der Seele. Bertelsmann, München 1992

Diamond, John: Speech, Language and the Power of Breath. Valley Cottage 1979

Duden Nr. 6: Das Aussprachewörterbuch, Mannheim 2000

Feldenkrais, Moshe: Die Feldenkraismethode in Aktion. Paderborn 1991

Fey, Gudrun: Selbstsicher reden. Selbstbewusst handeln. Rhetorik für Frauen. Berlin 1993

Fischbacher, Arno: Voice Awareness®. Skriptum zur Methode. Eigenverlag, Salzburg 2003

Fischer-Dieskau, Dietrich: Die Welt des Gesangs. Bärenreiter, Stuttgart/Weimar 1999

Fischer-Rizzi, Susanne: Himmlische Düfte. Hugendubel, München 1989

Friedrich, Gerhard/ Wolfgang Bigenzahn: Einführung in die Medizinischen, Psychologischen und Linguistischen Grundlagen von Stimme und Sprache. Verlag Hans Huber, Bern 1995

Glück, Wolfgang: Homöopathische Notfallapotheke. Selbsthilfe in Akutfällen. Orac, 2006

Gundermann, Horst: Phänomen Stimme. Ernst Reinhardt Verlag, München 1994

Haupt, Evemarie: Stimmt's? Stimmtherapie in Theorie und Praxis. Schulz-Kirchner, Idstein 2003

Haupt, Evemarie: Singen und Stimme. Ratgeber für Singende, Chorleiter, Pädagogen und Therapeuten. Schulz-Kirchner, Idstein 2004

Habermann, Günter: Stimme und Sprache. Eine Einführung in ihre Physiologie und Hygiene für Ärzte, Sänger, Pädagogen und alle Sprechberufe. Thieme-Verlag, Stuttgart 1986

Hammann, Claudia: Stimme, mehr Persönlichkeit und Ausdruck. Gräfe und Unzer, München 1997

Hierhold, Emil: Sicher Präsentieren – Wirksamer Vortragen. Redline Wirtschaft, Wien/Frankfurt 2005

Heller, Eva: Wie Farben wirken. Rowohlt, Reinbek 1999

Husler, Frederick/ Yvonne Rodd-Marling: Singen. Die physische Natur des Stimmorgans. Schott, Mainz 2000

Korcak, Herta: Deutsch – Richtig gesprochen. Stimm- und Lauttraining. Graz 1995

Lackner, Tatjana/ Hollenstein/Lentsch: Die Schule des Sprechens. Deuticke 2001

Largo, Remo H.: Babyjahre. Piper, München 1993

Loschky, Eva: Gut klingen – gut ankommen. Effektives Stimmtraining mit der Loschky-Methode. Kösel, 2005

Mangold, Max: Ausspracheléhre der europäischen Fremdsprachen. Mannheim 1964

Martienssen-Lohmann, Franziska: Der wissende Sänger. Gesangslexikon in Skizzen. Atlantis, Zürich/Mainz 1993

Mathelitsch, Leopold/ Gerhard Friedrich: Die Stimme. ÖBV, Wien 2000

Middendorf, Ilse: Der erfahrbare Atem in seiner Substanz. Paderborn 1998

Mohr, Andreas: Handbuch der Kinderstimmbildung. Schott, Mainz 1997

Molcho, Samy: Körpersprache. Mosaik Verlag, 1994

Molcho, Samy: Alles über Körpersprache. Mosaik Verlag, 2001

Nagiller, Brigitte: Klasse mit Knigge. Redline Wirtschaft, Frankfurt/Wien 2003

Nollmeyer, Olaf: Die souveräne Stimme. Praxisnahes Stimmtraining mit interaktiver CD-Rom. Gabal, 2005

Pregenzer, Brigitte/ Brigitte Schmidle: Hildegard von Bingen. Einfach leben. Tyrolia, Innsbruck 2003

Reichel, Gerhard: Frei reden ohne Lampenfieber. Verlag Brigitte Reichel, Forchheim 1991

Reid, Cornelius: Funktionale Stimmentwicklung. Grundlagen und praktische Übungen. Schott, Mainz 2000

Reusch, Fritz: Der kleine Hey. Neu bearbeitet und ergänzt von Fritz Reusch. Mainz 1997

Riedl, Thomas: OhrenPower-Kraft der Ohren. Skriptum für Audio-Psycho-Phonologie. Wiener Neustadt 2006

Rohmert, F./H. Rehders/ G. Rohmert: Alexander-Technik. Auswirkungen der Körperaufrichtung auf das Klangspektrum der Stimme. Darmstadt 1990

Rolf, Ida: Rolfing. Strukturelle Integration. Hugendubel, 1997

Rupert, Eva: Das perfekte Business-Outfit. Verlag Moderne Industrie, München 2003

Schaufelberger-Landherr, Edith: Die Kraft der Steine. Eigenverlag, 1996

Scheffer, Mechthild: Selbsthilfe durch Bachblüten Therapie. Heyne, München 1986

Schlemmer, Andrée: Farben für Seele, Geist und Körper. Hallwag, 1990

Schmid-Tatzreiter, Edith/ Reinhard Schmid: Hallo, Stimme! Das bonavox®-Trainingsbuch für Sprechen und Singen. Salzburg 2004

Schmid-Tatzreiter, Edith/ Reinhard Schmid: Guten Morgen, Stimme! Die bonavox®-Warm-up-CD für stimmintensive Berufe. Salzburg 2004

Schmid-Tatzreiter, Edith/ Reinhard Schmid: Sing, Stimme! – Die bonavox®-Einsing-CD für Solisten und Ensembles. Salzburg 2003

Schneider, Wolf: Deutsch für Profis. Goldmann, 1984

Scholz, Walter: Psycho-Scanning. Skript zum Management von Emotionalen Auslösern in Krisensituationen. Wien 1999

Schürmann, Uwe: Mit Sprechen bewegen. Reinhardt, München 2007

Schwarz, Anton: Gesundes Heizen – Sommerklima im Winter. Eigenverlag, Telfs 2000

Sharamon, Shalila/ Bodo J. Baginski: Das Chakra-Handbuch. Windpferd, 1999

Sick, Bastian: Der Dativ ist dem Genitiv sein Tod. Kiepenheuer & Witsch, 2005

Stein, Evelyn/ Markus Stein: Die hohe Schule des Telefonierens. Breitenfurt 1996

Thiele, Dr. Erhard: Vom Zungenkämpfer zum Schluckmeister, Trainingsprogramm der Mundmuskelfunktion für Kinder und Jugendliche. Dinauer, München 1988

Tomatis, Alfred: Das Ohr des Lebens. Walter, Düsseldorf 2000

Tomatis, Alfred: Der Klang des Lebens. Rowohlt, 2000

Tomatis, Alfred: Klangwelt Mutterleib. DTV, 1999

Tropper, Hannes: Phonetik: Atem-, Stimm- und Sprechtechnik. Austrian Voice Institute, Graz 1998

Trout, Jack/ Steve Rivkin: New Positioning. Econ, 1996

Thurnher, Ingrid: So reden Sie sich zum Erfolg. ecowin, Salzburg 2003

Werner, Kerstin: Sprechbildung. Pädagogischer Verlag, Wien 1998

Wittstock, Sabine: Stimmig sprechen – stimmig leben. Körper – Sprache – Mimik. Beust Verlag, Tb 2001

Zauner-Dungl, Andrea/ Podolak Karin/Wolfgang Exel: Fit durch alle Jahreszeiten. Linde, 2004

Kontakt

Ingrid Amon

Institut für Sprechtechnik

1230 Wien, Ziedlergasse 10/15

Telefon +43(01) 867 45 10

stimme@iamon.at

www.iamon.at

CD

Sprecherin:	Ingrid Amon, geboren in Österreich, Bodenseegebiet
Sprecher:	Thomas Wettstaedt, geboren in Hamburg

Die Hörbeispiele verdeutlichen die sprechtechnische Praxis für Mann und Frau. Außerdem lassen sie das unterschiedliche Heimatmelos der Sprecher gut hören.

Meditationsmusik:	Hannes König, Wien 2007 »Meditation Sound I«

Inhaltsverzeichnis Audio-CD